Sue Young · Lösungsfokussierte Schule

Sue Young

Lösungsfokussierte Schule: Jenseits von Anti-Mobbing

Aus dem Englischen von Jutta Bleuel und Kirsten Dierolf

Solutions
Academy

Bibliographische Information der Deutschen Nationalbibliothek
Diese Publikation ist in der Deutschen Nationalbibliographie verzeichnet. Genauere Informationen finden Sie unter http://dnb.d-nb.de

978-3-944293-04-2
© für die Übersetzung Speaking! GmbH, Bad Homburg, 2015
Übersetzung von Solution-Focused Schools: Anti-Bullying and Beyond (2010), London: BT Press, 17 Avenue Mansions, Finchley Road

Einbandgestaltung: Kay Fretwurst, Freienbrink
Satz und Layout: Buch&media GmbH, München
Druck und Bindung: BoD – Books on Demand

SolutionsAcademy Verlag
Speaking! GmbH
Gluckensteinweg 10–14
61350 Bad Homburg

Inhalt

Vorwort

Lösungsfokussierte Schule? Wenn jemand in Deutschland über Schulen spricht, ist meist eher schnell von Problemen die Rede und weniger von Lösungen. Sue Young zeigt in dem vorliegenden Buch Wege in Richtung Lösungen auf. Der »Aufhänger« ist das Phänomen »Mobbing«, das Buch beschränkt sich aber nicht auf die »Problemlösung von Mobbing«, sondern handelt davon, wie Lösungen für eine unterstützende, fördernde und gemeinschaftliche Schulatmosphäre gefunden werden können. Es ist eben nicht »Anti-Mobbing«, sondern »Pro« wertschätzende Schule, in die alle Beteiligten gerne kommen. So können viele der Vorschläge Sue Youngs nicht nur auf den Anlass Mobbing, sondern auf vielfältige Anlässe des Schulalltags angewendet werden. Das Buch bietet Handlungsoptionen für die ganze Schule, für Klassen, für Lehrer und Lehrerinnen, für einzelne Schüler und Schülerinnen und für die Arbeit mit Eltern.

Die hier vorgestellten Vorgehensweisen sind im höchsten Maß ressourcenorientiert – welch eine Abwechslung angesichts der allgegenwärtigen Defizitorientierung in Gesprächen mit dem Thema Schule. Sue Young – und ich auch – geht davon aus, dass in jeder Schule schon wirklich gute Arbeit geleistet wird: Arbeit von Lehrern und Lehrerinnen, Mitarbeitern und Mitarbeiterinnen von Schulen, Schülern und Schülerinnen und natürlich auch von den Eltern und Schulsozialarbeiterinnen und Schulsozialarbeitern. Das Anliegen des Buches ist es daher nicht, Schulen zu »reparieren« und das zu »flicken«, was nicht funktioniert. Es gilt, das zu identifizieren, was gut funktioniert und – ohne die Probleme zu ignorieren – genau das für ihre Lösung oder die allgemeine Weiterentwicklung der Schule zu nutzen. Alle Beteiligten im Prozess werden in ihren Anliegen ernst genommen und in ihren Lösungen und Lösungsversuchen wertgeschätzt. Durch die daraus resultierende Vermeidung von Widerstand wird viel Zeit gespart und die durchgeführten Maßnahmen sind extrem effizient.

Sue Young behauptet nicht nur, dass ihre Methodiken funktionieren – sie kann mit vielen Daten belegen, dass auch schwierige Vorfälle in kürzester

Zeit durch sie nachhaltig gelöst werden können. Die meisten der von ihr vorgeschlagenen Interventionen lassen sich ohne großen zusätzlichen Zeitaufwand in ohnehin bestehende Foren integrieren – man muss lediglich die Art ändern, in der man miteinander spricht. Viel zusätzlicher Zeitaufwand für »Programme« oder »Projekte« ist gar nicht notwendig. So können sich alle dem zuwenden, wozu Schule da ist: gemeinsamen, förderlichen, sozialen und inhaltlichen Lernen.

Die Interventionen sind von Sue Young so beschrieben, dass jeder Pädagoge sofort mit ihnen anfangen kann. Es gibt detaillierte Protokolle von Gesprächen und Gesprächsverläufen, sowie genaue Erklärungen der lösungsfokussierten Grundhaltungen. Ich wünsche mir, dass auch in Deutschland viel mehr mit einem Ressourcenblick auf Schule geschaut wird und dass die lösungsfokussierte Methodik in vielen Schulen noch stärker Einzug halten kann.

Kirsten Dierolf,
Bad Homburg, 2.7.2015

Einleitung

In diesem Buch geht es um die Entwicklung einer neuartigen Methode gegen ein Problem, das schon viele Jahre existiert: Mobbing an Schulen. Sie erfahren hier, wie Schulen konsequent lösungsfokussiert handeln können, um Mobbing zu verringern und eine unterstützende Umgebung für alle Schüler und Schülerinnen zu schaffen.

Der lösungsfokussierte Ansatz wurde erstmalig von Steve de Shazer und Insoo Kim Berg in den USA in der Familientherapie entwickelt. Seit ihrer Pionierarbeit in den späten Siebziger- und frühen Achtzigerjahren des letzten Jahrhunderts hat der lösungsfokussierte Ansatz in unterschiedlichsten Kontexten immer weitere Kreise gezogen.

Als ein Ergebnis dieses umfassenden Verständnisses für die Relevanz lösungsfokussierter Arbeit registrieren wir jetzt die Entstehung von Schulen, die sich selbst »lösungsfokussiert« nennen. In einer solchen Schule bewirkt das Kollegium Veränderungen, indem es nicht durch die Notwendigkeit, Probleme zu lösen, sondern durch den Wunsch, dem Potenzial sämtlicher Schüler gerecht zu werden, motiviert wird.

Der lösungsfokussierte Ansatz kann unabhängig vom Umfeld immer dort genutzt werden, wo eine Veränderung zum Besseren gewünscht wird. Auch wenn sich dieses Buch auf Anti-Mobbing in Schulen konzentriert, bietet lösungsfokussiertes Denken überall dort Ansatzpunkte, wo man positive Veränderung unterstützen möchte. In einem pädagogischen Umfeld beispielsweise kann dies die Erarbeitung von Kenntnissen, das Verbessern eines Teils des Lehrplans oder die Entwicklung einer Schule zu einem Kristallisationspunkt für die Gemeinde sein – lösungsfokussiertes Arbeiten kann hier überall nützlich angewendet werden. Anti-Mobbing liefert nur ein Beispiel, wie lösungsfokussierte Gespräche für Veränderungen auf jeder Ebene der Schulorganisation förderlich sein können.

> *Lösungsfokussierte Gespräche sind für die Entwicklung hilfreicher, glücklicher und erfolgreicher Schulen in jeglicher Hinsicht wirkungsvoll und kreativ.*

Lösungsfokussierte Gespräche sind für die Entwicklung hilfreicher, glücklicher und erfolgreicher Schulen in jeglicher Hinsicht wirkungsvoll und kreativ.

Mobbing betrifft alle – es spielt eine große Rolle bei Ängsten und Sorgen von Kindern und Eltern, besonders während der Schulausbildung. Im günstigsten Fall verursacht Mobbing nur vorübergehend Unzufriedenheit in der Schule. Schlimmstenfalls aber kann es zu ernsthaften psychischen Problemen oder gar Krankheiten führen. Das höchste Ziel der Schulausbildung ist, Kinder für das Erwachsensein vorzubereiten. Kinder sollen befähigt werden, ihren Möglichkeiten als verantwortungsbewusste und soziale Bürger gerecht werden. Die Schule soll ihnen dabei helfen, ihre Resilienz (Widerstandskraft) für alles, was das Leben an Schwierigkeiten und Turbulenzen bringt, zu stärken.

Mobbing betrifft alle negativ: die Opfer, die Täter, Eltern, Kinder, die ganze Gemeinschaft.

Die Werte, die in der Schule vermittelt werden, sind wichtig, da sie die Gesellschaft, die unsere Kinder erben, beeinflussen. Wenn wir Mobbing zulassen, akzeptieren wir stillschweigend den Missbrauch schwacher Mitglieder der Schulgemeinschaft (das können auch Lehrer und Lehrerinnen oder Eltern sein) durch die physisch und psychisch Stärkeren. Das ist nicht nur für die verletzlichen und sensiblen Kinder (und Erwachsenen) nachteilig. Letztendlich verrohen auch einige der Kinder, die andere terrorisieren. Sie entwickeln einen falschen Sinn für Macht, den sie dann möglicherweise bis in ihr Erwachsenenleben mitnehmen.

Das erste Kapitel zeigt, wie lösungsfokussiertes Arbeiten eine neue Perspektive schaffen kann, die Veränderungen fördert und Anti-Mobbing in Schulen effektiver gestalten lässt. Das zweite Kapitel beschreibt, wie eine professionelle Entwicklung auf allen Schulebenen eine sichere, unterstützende und freundliche Atmosphäre fördern kann, bevor im dritten Kapitel dieselben Prinzipien auf das Arbeiten mit Schülern und Schülerinnen im Klassenzimmer angewendet werden. Das vierte Kapitel stellt allgemeine Überlegungen bei Mobbing-Vorfällen vor. Das fünfte und sechste Kapitel zeigen detaillierte Überlegungen bezüglich zweier unterschiedlicher lösungsfokussierter Strategien: Unterstützung durch Peer-Support-Gruppen und individuelle Interviews. Der Text bietet zwischendurch immer wieder Beispiele aus der Praxis. Bei den individuellen Fallbeispielen sind Namen und andere Details aus Gründen der Vertraulichkeit abgeändert.

Die Hoffnung lösungsfokussierter Schulen ist nicht nur, einfach das Mobbing zu reduzieren, sondern eine Umgebung zu schaffen, die mit Mobbing unvereinbar ist. Durch Anerkennung und Pflege der Stärken aller Schüler und Schülerinnen, einschließlich der Freundschaften und der gegenseitigen Unterstützung, fördern lösungsfokussierte Schulen diese Fähigkeiten zum Nutzen der Familien der Schüler und Schülerinnen und der größeren Gemeinschaft. Letztlich leisten sie einen Beitrag zur emotionalen Gesundheit der Gesellschaft.

Kapitel Eins:
Der Weg zu lösungsfokussiertem Anti-Mobbing

Einleitung

Dieses Kapitel beschreibt die bisherigen Entwicklungen im Bereich Anti-Mobbing. Bislang war Anti-Mobbing hauptsächlich ein Problemlösungsansatz und folgte der Pionierarbeit für ganze Schulen von Olweus in Skandinavien, obwohl diese keine eindeutigen positiven Ergebnisse nachweisen konnten. Programme, die eine ganze Schule betreffen, sind aufwändig: Sie benötigen gewöhnlich ein hohes Maß an zusätzlichem Mitarbeiterinput und Schüler- und Schülerinnenmitwirkung und die Implementierung kann mehr als ein Jahr in Anspruch nehmen. Trotz (oder wegen) dieses Aufwands sind Zweifel an der Wirksamkeit dieser Programme laut geworden. Zudem gibt es keine klaren Aussagen aus der Forschung, welche Elemente der Anti-Mobbing-Maßnahmen das Mobbing reduzieren oder, noch besorgniserregender, es sogar zu steigern scheinen. Dieses Kapitel beschreibt, wie ein alternativer lösungsfokussierter Ansatz erst in therapeutischen Sitzungen entdeckt und entwickelt wurde und später in Schulen, besonders für Schüler und Schülerinnen mit Verhaltensschwierigkeiten, eingesetzt wurde. Viele Lehrer und Lehrerinnen haben in der Zwischenzeit bemerkt, dass lösungsfokussierte Gedanken in vielen Feldern in der Schule eingesetzt werden können, nicht nur um lediglich den Schülern und Schülerinnen oder Lehrern und Lehrerinnen mit Problemen zu helfen. Es zeigt sich, dass die lösungsfokussierte Sichtweise einen radikal anderen und effektiveren Ansatz für den Umgang mit Anti-Mobbing bietet.

> *Die lösungsfokussierte Sichtweise ermöglicht einen radikal anderen und effektiveren Ansatz für den Umgang mit Anti-Mobbing.*

Traditionelle Anti-Mobbing-Aktionen in Schulen

Im Schulleben gab es immer schon Mobbing, jedoch haben offiziell organisierte Anti-Mobbing-Programme eine relativ kurze Geschichte. Olweus führte Untersuchungen zum Thema Mobbing, insbesondere in Schweden, durch, als er aufgefordert wurde, 1983 an der ersten nationalen Kampagne in Norwegen zu arbeiten, die aus dem öffentlichen Interesse am Selbstmord dreier Schüler entstanden war. Zu Beginn des Projekts führte Olweus die erste großangelegte Mobbing-Umfrage mit Hilfe eines Fragenkatalogs an 130.000 Schülern im Alter von acht bis sechzehn Jahren durch.

Er stellte fest, dass ca. 15 % der Schüler mit »gewisser Regelmäßigkeit« in Mobbing involviert waren, entweder als Täter oder Täterinnen (7 %) oder als Opfer (9 %). Ca. 5 % waren entweder als Täter oder Täterinnen, als Opfer oder beides in »ernstere Mobbing-Probleme« involviert, das heißt, einmal wöchentlich oder noch häufiger. Aus dieser Umfrage schloss er, dass »Mobbing ein erhebliches Problem an norwegischen Schulen war (und es noch immer ist, in Anlehnung an weniger umfassende Umfragen jüngeren Datums) und eine große Zahl Schüler und Schülerinnen betrifft« (Olweus, 1999, S. 32–33). Nachfolgende Umfragen unter Schüler und Schülerinnen in anderen Ländern, einschließlich Schweden, Finnland, Großbritannien, USA, Kanada, den Niederlanden, Japan, Irland, Spanien und Australien zeigen ein ähnliches oder größeres Vorkommen. Folglich ist Mobbing in den letzten zwanzig Jahren ein Problem auf internationaler Ebene geworden. Weltweit haben Länder, vor allem durch die ersten Anti-Mobbing-Kampagnen von Olweus beeinflusst, Aktionen gegen Mobbing ins Leben gerufen.

Beispielsweise wurde 1992 in Großbritannien die erste zielgerichtete Anti-Mobbing-Richtlinie »Action against bullying« (Johnstone, Munn & Edwards, 1991), die im Vorfeld in Schottland herausgegeben worden war, an alle Schulen weitergeleitet. Zu dieser Zeit förderte die Regierung bereits eine große Untersuchung unter der Leitung von Smith in Sheffield, die schließlich als Informationsmaterial an alle Schulen verteilt wurde: »Bullying – Don't Suffer in Silence: An anti-bullying pack for schools« (DFE, 1994). Der »School Standards and Framework Act«, 1998, machte die Anti-

Mobbing-Politik zu einer gesetzlichen Anforderung an Schulen. »The Race Relations (Amendment) Act«, 2000, forderte die Registrierung sämtlicher rassistisch motivierter Mobbing-Fälle. Im Jahr 2000 war für die Schulen eine verbesserte Auflage des Sheffielder »Anti-bullying packs« verfügbar. Im Jahr 2002 gründete die Regierung die »Anti-Bullying Alliance« und ernannte regionale Koordinatoren, die die Arbeit der über sechzig verschiedenen Organisationen zusammenführen sollten.

Im Jahr 2003 brachte Ofsted, die britische Schulinspektion, den Ratgeber »Bullying: effective action in secondary schools« heraus. Im Folgejahr startete eine mediale Anti-Mobbing-Aktion der Regierung mit TV- und Radiospots und Werbepostern mit Größen aus der Musik- und Sportwelt. Alle Schulen waren aufgefordert, die »Bullying – a Charter for Action« zu unterzeichnen und jährlich eine Anti-Mobbing-Woche durchzuführen, die durch Hilfsmittel für Lehrer und Lehrerinnen unterstützt und von der Anti-Mobbing-Allianz koordiniert wurde. 2005 wurden neue nationale Richtlinien, »Bullying: policy and practise«, ausgegeben und an den Grundschulen wurde »SEAL (Social and Emotional Aspects of Learning)«, mit Anleitung und Hilfsmaterialien zum Thema »Say No to Bullying«, eingeführt. Die vollständig überarbeiteten Regierungsrichtlinien »Safe to Learn« der Abteilung für Kinder, Schulen und Familien wurde 2007 eingeführt und 2008 mit der Leitlinie zu homosexuellenfeindlichem Mobbing und Mobbing in Bezug auf besondere Verhaltensweisen und Behinderungen ergänzt. »The National Healthy Schools Programme«, eine gemeinsame Initiative der DCSF und des britischen Gesundheitsministeriums, diente ebenfalls als Leitlinie, vor allem in jüngster Zeit in Verbindung mit dem Office of the Children's Commissioner und der Anti-Bullying Alliance: »Guidance for Schools«, 2008.

Das exponentielle Wachstum von Richtlinien und Ressourcen für Schulen entwickelte sich vor dem Hintergrund einer entsprechenden Expansion der Untersuchungen zum Thema Mobbing. Viele der frühen Untersuchungen beschäftigten sich mit dem Charakter von Mobbing an Schulen. Sie arbeiteten mit der Annahme, dass das Wissen über Mobbing eine Voraussetzung für die Reduktion von Mobbing ist. »Als allererstes müssen wir verstehen, was Mobbing ist, warum manche Kinder andere mobben und warum manche Kinder gemobbt werden, bevor wir entscheiden, wie wir reagieren« (Rigby, 1996, S. 2).

Folglich wurden verschiedene Aspekte von Mobbing untersucht, die Definition, die Verbreitung verschiedener Typen und neuer Formen, z. B. homosexuellenfeindlichem Mobbing oder Cybermobbing, inwiefern Mobbing altersabhängig und/oder geschlechterabhängig ist, mögliche Ursachen, negative Auswirkungen, Orte, an denen Mobbing scheinbar stattfindet und Gruppen, die besonders verletzbar sind. Es besteht ebenfalls ein wachsendes Interesse daran, die eigenen Meinungen der Kinder und Jugendlichen zu allen Aspekten von Mobbing zu erfassen.

Wirksamkeit von Interventionen

Alle Leitlinien, Ressourcen, Untersuchungen, Projekte und öffentlichkeitswirksamen Anti-Mobbing-Kampagnen haben zwei Dinge gesteigert: das allgemeine Bewusstsein zum Thema Mobbing und die Bemühungen, den Schulen wirksame Handlungsoptionen für die Reaktion auf Mobbing an die Hand zu geben. Trotz aller Aktivitäten in den letzten 20 Jahren scheint es dennoch keine Verringerung der Ängste in Bezug auf Mobbing an Schulen zu geben, geschweige denn, dass sich die Mobbing-Problematik insgesamt verringert hat. Mobbing bleibt eine Hauptsorge und spielt weiterhin regelmäßig eine Hauptrolle in Publikationen zum Thema Erziehung sowie generell in den Medien.

Trotz aller Aktivitäten in den letzten 20 Jahren bleibt Mobbing eine Hauptsorge.

In der jüngeren Vergangenheit haben einige der in diesem Bereich renommiertesten Forscher angefangen, Bedenken an der Effektivität der Anti-Mobbing-Arbeit zu äußern. Ein umfassender Bericht für den Schwedischen Nationalen Rat für Verbrechensbekämpfung von Ttofi, Farrington & Baldry (2008) bewertete weltweit 30 Studien zu Anti-Mobbing-Interventionen und stellte fest, dass nur zwölf offensichtlich effektiv waren, wovon fünf von Olweus aus Skandinavien stammten. Sieben Interventionen, einschließlich der einen, die sogar als »schädlich« bewertet wurde, hatten geringe Wirkung.

Besonders durch den Einfluss von Olweus in Skandinavien und das von Smith in England geleitete Sheffield-Projekt wurde bei den meisten der großen Projekte ein schulumfassender Ansatz befürwortet. Diese Projekte haben ähnliche Grundmerkmale: Sie versuchen zunächst das Problembewusstsein zu steigern, typischerweise indem sie eine schuleigene Definition von Mobbing formulieren und Untersuchungen bei Schülern und Schülerinnen durchführen. Dies wird gefolgt von weitgehenden Beratungen, Trainings für Lehrer und Lehrerinnen und der Entwicklung einer Anti-Mobbing-Strategie. Smith und seine Kollegen überprüften schulumfassende Interventionen und stellten fest, dass »nur ein Programm (unter der Leitung von Olweus) signifikante Verringerungen bei Täter-Opfer-Geschehen und Mobbing erzielte, während die anderen 13 Programme entweder unbedeutende Veränderungen aufzeigten oder sogar Steigerungen dieser Vorkommnisse« (Smith, Cousins & Stewart, 2005, S. 744; Smith, Schneider, Smith & Ananiadou, 2004). Leider haben sich die Versuche Dritter, die Ergebnisse Olweus' Programms eigenständig zu reproduzieren, als unbefriedigend erwiesen (Olweus, 2004). Smith und andere kamen zu dem Schluss, »der weitverbreitete Enthusiasmus für den schulumfassenden Ansatz und seine gesetzliche Verankerung in einigen Gebieten, kann sich nur darauf gründen, dass man ein hohes Bedürfnis verspürt zu intervenieren und darauf, dass es einige wenige positiv verlaufenen Studien gibt.« Sie geben die »zurückhaltende Empfehlung«, schulumfassende Interventionen weiterzuführen, »... nicht auf soliden Anhaltspunkten dafür basierend, dass die Programme funktionieren, sondern auf den logischen Verknüpfungen zwischen den Programmen und den Theorien über die Wurzeln des Mobbings und weil sie in einigen Fällen (und zwar unter den denkbar günstigsten Umständen, die die Forscher annehmen konnten) wirkungsvoll waren« (Klammer im Original, Smith et al., 2004, S. 550, 557–558).

Während oder nach Anti-Mobbing-Interventionen werden häufig auch negative Folgen festgestellt, selbst dann, wenn der Durchschnitt aller am Projekt teilnehmenden Schulen positive Wirkungen festgestellt hat. Die unangenehme Erkenntnis, dass von Zeit zu Zeit die Anzahl der Berichte über Mobbing-Fälle ansteigt, wird gewöhnlich als Nebeneffekt der steigenden Sensibilität interpretiert. Es ist nicht eindeutig festgestellt, ob eine Verschlechterung das Ergebnis eines geschärften Bewusstseins für ein existierendes, vorher unidentifiziertes Problem oder eine tatsächliche Zunahme von Mobbing-Fällen ist, wie es Salmivalli u. a. (2005, S. 484) darlegt: »Es ist zu einfach, positive Effekte als ein Ergebnis der Interventionen zu erklären und negative Effekte (oder gar keine Effekte) in der Sensibilität der Schüler für die Probleme von Mobbingopfern.« Auch ist unklar, ob eine darauffolgende Abnahme von berichteten Vorfällen über einen längeren Zeitraum ein Hinweis auf die Effektivität einer Anti-Mobbing-Kampagne ist, oder ob der negative Effekt des Projekts im Laufe der Zeit nachlässt.

Schulumfassende Projekte empfehlen üblicherweise zusätzliche Ressourcen für die Anti-Mobbing-Arbeit der Lehrer und Lehrerinnen im Unterricht. Im Sheffield-Projekt beispielsweise empfahl man Theatergruppen, Videos und Bücher mit unterstützendem Material für die Verwendung im Unterricht. Diese Materialien fokussierten sich auf Mobbing-Szenarien, gefolgt von Empfehlungen, die das Bewusstsein der Schüler schärfen sollten. Solange die Materialien genutzt wurden, gab es zwar eine mobbingreduzierende Wirkung, die Effekte waren aber nur von kurzer Dauer und »einige der Projektschulen stellten fest, dass Schüler und Schülerinnen, die im Mobbing anderer involviert waren, nicht immer positiv auf diese Art von Materialien reagierten.« Das Sheffield-Team kam zu folgendem Schluss: »Das Ausmaß, in dem diese Ansätze erfolgreich sind, hängt davon ab, wie bedacht und zweckmäßig sie angewendet werden. Und selbst dann haben sie für sich alleine gesehen nur einen kleinen Effekt auf das Verhalten der Schüler und Schülerinnen« (DFE, 1994, S. 41, 45).

Der Forschung ist auch die anscheinend fehlende Bereitschaft der Lehrer und Lehrerinnen und Schulmitarbeiter und -mitarbeiterinnen, sich auf die Anti-Mobbing-Empfehlungen einzulassen und sich voll zu engagieren aufgefallen. Die Sichtweise ist hier zumeist, dass es wichtig ist, diesen Mangel and Bereitschaft zu überwinden (und nicht, z. B. nach dem zu forschen, was Lehrer und Lehrerinnen

»Ich glaube, keiner möchte darüber sprechen, weil das alleine es schon schlimmer macht.«

und Schulmitarbeiter und -mitarbeiterinnen anstatt dessen tun möchten). Beispielsweise berichtete Limber u. a. (2004, S. 69), dass bei Klassentreffen, »die besonders Angst bei den Lehrern und Lehrerinnen erzeugten, denen es unangenehm war, wenn sie mit Schülern und Schülerinnen über Mobbing (und andere diesbezügliche Aktivitäten) diskutierten«, verschiedene andere Experten und Expertinnen ihre Unterstützung anboten, damit die Lehrer und Lehrerinnen in ihrer Arbeit fortfahren konnten.

Peterson und Rigby (1999) sammelten die Meinungen von Schülern und Schülerinnen über die Wirksamkeit von Anti-Mobbing-Aktivitäten und stellten dabei fest, dass die Schüler und Schülerinnen generell misstrauisch waren. Ein Schüler sagte: »Ich glaube, keiner möchte darüber sprechen, weil das alleine es schon schlimmer macht.«

Die Sorge um die Umsetzung geht weiter als die Bewertung individueller Elemente innerhalb der Interventionen. Sie wirft die zusätzliche Frage auf, wie man den Widerstand gegen Anti-Mobbing-Projekte als Ganzes überwinden kann (Rigbey und Bagshaw, 2003, Salmivalli u. a., 2005). Die Forschung unterstellt von Zeit zu Zeit, wenn die Ergebnisse enttäuschend sind, dass die Schulen mehr Zeit und Einsatz hätten zeigen müssen, anstatt grundsätzlich die Strategie infrage zu stellen (z. B. Limber, Nation, Tracy, Melton & Flerx, 2004; Hanewinkel, 2004). Gleichzeitig stellte sie fest, dass sogar Schulen, die während der Umsetzung gute Ergebnisse erzielten, Schwierigkeiten hatten, die positiven Ergebnisse auf lange Sicht zu halten (Smith, Sharp, Elsea & Thompson, 2004; Galloway & Roland, 2004).

Im Jahr 2006 brachte das »Office of the Children's Commissioner for England« einen Bericht heraus, »mobbing today«, der die gegenwärtige Lage zusammenfasste. Nach einer sorgfältigen Prüfung der Anhaltspunkte kam der Bericht zu folgendem Schluss: »Trotz der großen Anzahl beschriebener Methoden und Übungen und dem Versprechen der Abnahme von Mobbing in der Zukunft gibt es zur Zeit noch keinen Hinweis, ob Mobbing insgesamt steigt oder sinkt.« Und dennoch bleiben, wie im Bericht gezeigt, die Empfehlungen, die heute noch für Schulen ausgesprochen werden, dieselben.

Nach Berichten der großen weltweiten Interventionsprojekte schloss Pepler u. a. (2004, S. 313), dass »in dieser Phase der Entwicklung und Verbesse-

»Trotz der großen Anzahl beschriebener Methoden und Übungen und dem Versprechen der Abnahme von Mobbing in der Zukunft gibt es zur Zeit noch keinen Hinweis, ob Mobbing insgesamt steigt oder sinkt.«

rung von Mobbing-Interventionen, (...) die Untersuchungen gegenwärtig noch nicht an dem Punkt angelangt (sind), zuverlässig bestimmte Elemente der Interventionen zu identifizieren, die als aktive und essentielle Elemente mit dem Wandel verknüpft sind.«

Es ist also jetzt der richtige Zeitpunkt, sich zu überlegen, wie neue Entwicklungen und Ideen in Bezug auf die Umsetzung von Veränderungen dazu beitragen können, neue und effektivere Methoden zu finden, Mobbing in Schulen zu reduzieren.

Die lösungsfokussierte Methode

Die lösungsfokussierte Methode ist ein gänzlich neuer und andersartiger Weg. Sie hilft Menschen, ihr Leben und ihre Gemeinschaften oder Organisationen, denen sie angehören, zu verbessern. Die Entwicklung dieser Arbeitsmethode ist hauptsächlich mit dem Brief Family Therapy Center in Milwaukee, unter der Leitung von Steve de Shazer und Insoo Kim Berg, verknüpft (de Shazer, 1982, 1985, 1988, 1991, 1994; de Shazer u.a., 2007; Berg, 1999; De Jong & Berg, 2008). Beide gelten weithin als diejenigen, die als Erste den lösungsfokussierten Ansatz in der Individual- und Familientherapie in den späten siebziger Jahren des zwanzigsten Jahrhundert bis zu ihrem Tod im Jahr 2005 beziehungsweise 2007 eindeutig formuliert haben.

- *Beschreiben der gewünschten Zukunft*
- *Wahrnehmen der erfolgreichen Vergangenheit*
- *Wertschätzen der vorhandenen Stärken*
- *Mehr von dem tun, was funktioniert*

Die Basis lösungsfokussierten Arbeitens wurde durch die Analyse von Gesprächen geschaffen. Viele von uns erinnern sich, dass ihnen einmal jemand durch ein Gespräch weitergeholfen hat oder sie jemandem geholfen haben, vielleicht maßgeblich, vielleicht sogar nur durch ein einzelnes Gespräch. Wir haben es vielleicht in diesem

Moment nicht bemerkt und, wenn man den Vorgang isoliert betrachtet, haben wir es vielleicht als »glücklichen Zufall« abgetan, aber wir wissen nicht genau, welcher Teil unserer Konversationen wirklich hilfreich ist.

In ihren Recherchen, bessere und nachhaltigere Wege für die Lösungsfindung für die Probleme ihrer Klienten und Klientinnen zu finden, untersuchte de Shazers Team therapeutische Sitzungen nach den spezifisch hilfreichsten Elementen einer Konversation. Wenn sie etwas identifizierten, das die von den Klienten und Klientinnen gewünschte Veränderung brachte, taten sie mehr davon. Ausschlaggebend war, dass sie aufhörten, Dinge zu tun, die nicht so gut funktionierten. Ihre Kriterien für die Wirksamkeit basierten auf erhobenen Ergebnissen, und zwar in Bezug auf die Kundenzufriedenheit sowie auf die Schnelligkeit der gezeigten Wirkung, wobei sie als Maßstab die Anzahl der Therapiesitzungen nahmen. Regelmäßig überprüften sie ihre Erkenntnisse mit unterschiedlichen Klienten und Klientinnen und verschiedenen Problemen. Sie veröffentlichten ihre Ideen und führten fortlaufend Untersuchungen durch, so wie sie auch ihr therapeutisches Handeln weiterentwickelten und verfeinerten (De Jong & Berg, 2008).

Durch diese pragmatische und disziplinierte Arbeitsweise entdeckten sie wichtige und überraschende Prinzipien der Gesprächsführung, die erfolgreich zu Lösungen führten. Die Ergebnisse zeigten, dass ihre Arbeit dann am effektivsten eine Veränderung auslöste, wenn sie die Unterhaltung so führten, dass sich die Klienten und Klientinnen auf die folgenden Dinge konzentrieren konnten:

- Beschreiben der gewünschten Zukunft
- Wahrnehmen der erfolgreichen Vergangenheit
- Wertschätzen der vorhandenen Stärken
- Mehr von dem tun, was funktioniert

Diese Bestandteile sind charakteristisch für lösungsfokussierte Arbeit. Daher ziehen sie sich wie ein roter Faden durch dieses Buch. Wenn man so arbeitet, hat das weitreichende Folgen.

Beschreiben der gewünschten Zukunft

Während bisher die meisten Therapien auf Problemtheorien und darauf, wie Therapeuten ihren Klienten helfen können, diese zu lösen, beruhten, stellten de Shazer und Berg fest, dass in der Praxis die Lösungen der Klienten und Klientinnen in keinem direkten oder logischen Zusammenhang zu ihren Problemen standen. Nachdem das erkannt worden war, wurde die fachliche Kompetenz bezüglich Ursachen und Symptomen oder Bewertung und Diagnose irgendwelcher Schwierigkeiten überflüssig und schien sogar Fortschritte zu verhindern. Daraus resultierend forderten sie ihre Klienten nicht mehr dazu auf, detailliert und in der Tiefe über ihre Probleme zu sprechen. Stattdessen fanden sie es hilfreicher, »an der Oberfläche zu bleiben« (de Shazer, 1994), befragten ihre Klienten und Klientinnen nach ihrem Therapieziel und stellten Fragen, um herauszufinden, wie ihr Leben ohne das Problem aussehen würde. Lösungsfokussierte Interviews sind »handlungsorientiert«, so werden zum Beispiel die Klienten und Klientinnen befragt, was sie anders machen würden und was andere bemerken, wenn sie Schritte zu ihrem Ziel hin machten.

Um es anschaulicher zu formulieren: Wenn ein Schüler oder eine Schülerin Hilfe bei einem Mobbing-Problem benötigt, ist es hilfreicher, statt detailliert nach dem Mobbing zu fragen, danach zu fragen, wie genau er oder sie sich sein oder ihr zukünftiges Leben an der Schule erträumt und welche konkrete Unterschiede das macht. Beispielsweise:»Welchen Unterschied macht es für dich, wenn dich keiner mobbt? Was würdest du dann anders machen?«

Details des Problems, abgesehen von seinem Fehlen, sind unnötig, um sich diese Zukunft bildlich vorzustellen. Ziel ist es, eine reichhaltige Beschreibung dessen zu bekommen, was sich Schüler und Schülerinnen wünschen. Der Schüler oder die Schülerin soll das beschreiben, von dem mehr passieren soll und insbesondere das, was er oder sie anderes tun möchte. Je detaillierter und anschaulicher diese Beschreibung wird, je mehr es zu einer mentalen Generalprobe der Aktion in der Zukunft wird, desto wahrscheinlicher ist es, dass es auch passiert. Auf den Punkt gebracht ist es effektiver eine Veränderung zu bewirken, wenn man seine Aufmerksamkeit auf das Gewünschte richtet, anstatt auf das, was nicht gewünscht wird.

Wahrnehmen der erfolgreichen Vergangenheit

Wenn Klienten und Klientinnen beschreiben, was sie sich anstelle des Problems wünschen, erinnern sie sich häufig an Zeiten, in denen es Ausnahmen von ihrem Problem gab, Zeiten, als die gewünschte Zukunft schon einmal stattgefunden hat, wenigstens ein bisschen oder wenigstens unregelmäßig. Wenn man mitten in einem Problem steckt, bleiben solche Ereignisse unbemerkt oder werden als unwichtige Ausnahmen angesehen, die zufällig geschehen oder deren Faktoren unkontrollierbar sind. Zum Beispiel stellte ein Schüler während eines lösungsfokussierten Interviews fest, dass er Mathematikunterricht am meisten mochte. Obwohl er sich nicht vorstellen konnte warum, wurde er während dieser Stunden von seinen Mitschülern und Mitschülerinnen nicht beschimpft. Mit absichtsvoller Neugierde wurde er gefragt, was genau er im Mathematikunterricht anders machte. Er erklärte, dass er gerne Gruppenarbeit zusammen mit anderen Schülern und Schülerinnen machte und gerne konzentriert seine Arbeit schaffte. Die Tatsache, dass er die erfolgreiche Vergangenheit, im Gegensatz zu den Zeiten, in denen das Problem auftauchte, bemerkte, verhalf ihm zu der Erkenntnis darüber, was tatsächlich funktionierte, wenigstens manchmal, z. B. zusammen mit anderen Schülern und Schülerinnen zu arbeiten und die Arbeiten konzentriert zu erledigen.

»Man kann diesen Prozess der Lösungsentwicklung so zusammenfassen: Man hilft, einen unbemerkten Unterschied zu einem Unterschied zu machen, der einen Unterschied macht« (de Shazer, 1988, S. 10).

Die Wahrnehmung der erfolgreichen Vergangenheit ist die wichtigste Ideenquelle der Klienten und Klientinnen.

In lösungsfokussierten Interviews werden solche Zeitpunkte des relativen Erfolgs aktiv gesucht und verstärkt. Die Wahrnehmung der erfolgreichen Vergangenheit ist die wichtigste Ideenquelle der Klienten und Klientinnen. Sie hilft ihnen, ihre gewünschte Zukunft effektiver hervorzubringen.

Wertschätzen der vorhandenen Stärken

Wenn Klienten und Klientinnen über Zeiten sprechen, in denen sie erfolgreicher sind, treten ihre Fähigkeiten und Stärken statt ihrer Schwächen in den Vordergrund. Die Anerkennung und Wertschätzung der Stärken der Klienten und Klientinnen lenkt die Aufmerksamkeit auf das, was sie erfolgreich macht, und sei es nur ein kleines bisschen oder nur für einen kurzen Zeitraum. Komplimente sind ein wichtiger Teil der lösungsfokussierten Therapie und unsere Wertschätzung für den Klienten oder die Klientin ist im Interview immer zu spüren. In den der Erstsitzung folgenden Sitzungen werden die kleinsten Anzeichen dafür, dass sich der Klient oder die Klientin zu dem vorher identifizierten Ziel hin bewegt und seine oder ihre Fähigkeiten und persönlichen Qualitäten, die ihn oder sie zu diesem Prozess befähigen, hervorgehoben und wertgeschätzt.

Komplimente sind ein wichtiger Teil der lösungsfokussierten Therapie.

Die Wertschätzung der existierenden Stärken des Klienten oder der Klientin wird besonders noch einmal am Ende einer Sitzung ausgedrückt, wenn Empfehlungen, wie es weitergehen könnte, geprüft werden. Im oben genannten Beispiel könnte man die Fähigkeiten des Schülers oder der Schülerin wertschätzen, die ihm helfen, gut mit anderen Schülern und Schülerinnen zusammen in einer Gruppe zu arbeiten oder sich auf seine Arbeit zu konzentrieren. Werden die entsprechenden Stärken des Schülers bemerkt und wertgeschätzt, nutzt er sie wahrscheinlich wieder. Das ist der Punkt, an dem die Fähigkeiten und Stärken eine Brücke (De Jong & Berg, 2008) zwischen der erfolgreichen Vergangenheit und der gewünschten Zukunft bilden.

Mehr von dem tun, was funktioniert

Wenn man lösungsfokussiert arbeitet, werden dem Klienten oder der Klientin keine Hausaufgaben »aufgedrückt«. Trotzdem gibt es oft gegen Ende der Sitzung Vorschläge für Aktionen, die der Klient oder die Klientin ausführen kann. Sie sind bewusst klein und leicht umsetzbar. Sie sind üblicherweise angelehnt an das, was in der Vergangenheit funktioniert hat. Wenn die Vorschläge auf etwas basieren, wovon der Klient oder die Klientin bereits weiß, wie er oder sie es erfolgreich tun kann, ist der Fortschritt Richtung Ziel wahrscheinlich schneller und nachhaltiger. Schon die bloße Identifikation der vergangenen Versuche des Klienten oder der Klientin und seiner oder ihrer vorhandenen Stärken können ihn oder sie motivieren, Fortschritte hin zu seiner oder ihrer gewünschten Zukunft zu machen.

Zurück zum Beispiel des Schülers, der bemerkte, dass er nicht geärgert wird, wenn er in Gruppen arbeitet. Ein Vorschlag wäre, nach anderen Fächern zu schauen, in denen Gruppenarbeit möglich ist, wenn es so gut in der Zusammenarbeit mit anderen funktioniert. Da dies in der Vergangenheit die Bedingungen dafür geschaffen hatte, dass er nicht geärgert wurde, existiert eine hohe Wahrscheinlichkeit, dass dies eine effektive, bewusste Strategie für die Zukunft ist. Darüber hinaus ist es eine Strategie, der er unmittelbar folgen kann. Das Wissen, dass er in der Vergangenheit damit erfolgreich war, gibt ihm das Selbstvertrauen, das er braucht, um es zu wiederholen.

Widerstand ist »der einzigartige Weg des Klienten oder der Klientin für einen Kooperationsversuch«.

Im Gegensatz dazu werden Schüler und Schülerinnen, wenn die Aufmerksamkeit nur auf das Problem und die Schwächen gelenkt werden, häufig abwehrend und resistent gegen jegliche Veränderungsvorschläge. De Shazer nannte den Widerstand »die einzigartige Art eines Klienten oder einer Klientin, den Versuch zur Kooperation zu unternehmen«. Der Klient oder die Klientin lässt durch den »Widerstand« den Therapeuten oder die Therapeutin wissen, dass sein Vorschlag für ihn im Moment nicht richtig ist und dass der Therapeut oder die Therapeutin etwas anderes versuchen soll (de Shazer, 1994).

Das soll nicht heißen, dass der Therapeut oder die Therapeutin niemals einen Rat geben darf. Bisweilen können Ratschläge, wie z. B. Informationen, gegeben werden. Der Klient oder die Klientin ist aber der- oder diejenige, der oder die entscheidet, ob ein Ratschlag für ihn oder sie im Moment hilfreich ist. In der lösungsfokussierten Praxis hat sich die Beziehung zwischen Therapeut oder Therapeutin und Klient oder Klientin im Vergleich zu anderen Ansätzen fundamental gewandelt: vom hochgeschätzten Fachwissen des Therapeuten oder der Therapeutin hin zu der Erkenntnis, dass das Wissen der Klienten und Klientinnen über ihr eigenes Leben die fruchtbarste Quelle der Lösungen ist (de Shazer, 1994). Die Expertise des lösungsfokussierten Beraters oder der Beraterin liegt nicht darin, dass er oder sie weiß, was gut für den Klienten oder die Klientin ist und ihn oder sie davon zu überzeugen, das zu tun. Die Kunst liegt darin, durch Fragen und Wertschätzung die Aufmerksamkeit auf das Wissen und die Erfahrungen des Klienten oder der Klientin, darauf, was für ihn oder sie hilfreich ist, zu richten: »aus dem Hintergrund zu führen« (de Shazer & Dolan, 2007).

Auf diese Weise führten de Shazer & Berg ihre Gespräche »lösungsfokussiert« im Gegensatz zu »problemlösend«. Sie stellten fest, dass sie umso erfolgreicher wurden, je mehr sie lösungsfokussiert handelten. Nachdem die grundsätzlichen Prinzipien geschaffen worden waren, setzten sie diese zunehmend in die Praxis um. Der Ansatz ist elegant, sowohl in seiner Einfachheit als auch in seiner innewohnenden Integrität – sie ermutigten ihre Kunden und Kundinnen zur Reflektion über das, was sie bereits tun, was gut funktioniert und mehr davon zu tun. Und genau so handelten sie selbst in der Entwicklung der lösungsfokussierten Therapie.

In der Zwischenzeit ist durch unabhängige Untersuchungen bestätigt worden, dass dieser Ansatz für einen großen Bereich an Problemen mindestens genauso effektiv wie andere Therapien ist. Er erreicht schneller zufriedenstellende Ergebnisse, manchmal schon in einer Sitzung, typischerweise in drei bis fünf Sitzungen, ohne dabei langfristig nachhaltige Ergebnisse zu gefährden (Macdonald, 2007). Wenn Kinder mit dem spezifischen Thema Mobbing an uns verwiesen wurden, haben sich lösungsfokussierte Interviews als ähnlich wirkungsvoll erwiesen (Young & Holdorf, 2003).

Für motivierte Menschen ist es möglich, die Technik des lösungsfokussierten Interviews in einigen wenigen Tagen bis zu einem Niveau zu erlernen, an dem sie die Technik nutzen und positive Ergebnisse direkt sehen können. Zuerst scheint es verblüffend, dass ein so wirkungsvoller therapeutischer Ansatz so leicht zugänglich ist. Man kann trotzdem nicht behaupten, dass es leicht ist: Der Ansatz erfordert eine große Veränderung in allgemeiner Praxis, Haltung und Annahmen. Es ist für Menschen anfangs meist schwierig, die grundlegende Haltung zu entwickeln, und es stellt sich als noch schwieriger heraus, diese in der tagtäglichen Praxis beizubehalten und zu entwickeln. Zudem ist Lösungsfokussierung eine immerwährende Reise. Gleichwohl macht die Abwesenheit der Problemanalyse und -bewertung den Ansatz sicher und anpassungsfähig. Er ist dadurch auch für die Nutzung von Menschen über den therapeutischen Beruf hinaus geeignet.

Unabhängig von der Entwicklung der lösungsfokussierten Familientherapie entdeckte, ungefähr zeitgleich, der Managementberater David Cooperrider ähnliche Prinzipien durch seine Veränderungsarbeit in großen Organisationen (Annis Hammond, 1996). Cooperrider stellte fest, dass die Konzentration auf die Problemlösung in einer Organisation nicht so hilfreich war wie das Entwerfen der Vision einer Organisation, die ihr Bestes gibt, die Werte teilt und die existierende Stärken und gute Arbeit wertschätzt. Dieser Ansatz in der Unternehmensberatung wurde unter dem Begriff »Appreciative Inquiry« bekannt. Obwohl diese lösungsfokussierten Erkenntnisse im Veränderungsmanagement in so unterschiedlichen Bereichen wie Therapie und Unternehmensberatung aufkamen, wurden gleiche Prinzipien klar und deutlich erkannt. Viele Therapeuten und Therapeutinnen haben ihre Fähigkeiten auf professionelles Coaching und Beratung angepasst (Furman & Ahola, 2006, 2007; Jackson & McKergow, 2002). Was auf dem Mikrolevel der Therapie funktioniert, wirkt auch auf dem Makrolevel von Organisationen.

Lösungsfokussierte Arbeit, individuell, für Gruppen und Teams oder in einer größeren Organisation wie zum Beispiel einer Schule, ist ein Hilfsmittel dafür, dass Menschen das, was sie sich in ihrem Privat- oder Arbeitsleben wünschen, erreichen. Der Berater oder die Beraterin konzipiert seine oder ihre Fragen daher so, dass sie klären, wie sich das persönliche oder berufliche Leben einer Person verändert hat, wenn sich die Person mehr in Richtung der Person entwickelt, die sie sein will oder ihre Organisation sich mehr in die Wunschorganisation verändert. Durch lösungsfokussierte Fragen stellen die Menschen fest, wie weit sie bezüglich ihrer gewünschten Ziele bereits gekommen sind und welche

Die Technik des lösungsfokussierten Interviews kann in einigen wenigen Tagen erlernt werden.

vorhandenen Ressourcen sie in Anspruch nehmen können, um weitere Fortschritte zu erzielen. Wenn sie sich bewusst machen, welches das nächste kleine Zeichen ihres Fortschritts wäre, bemerken sie es dann wahrscheinlich auch und entdecken dabei, wie sie weitermachen können. Lösungsfokussierte Konversationen sind darauf ausgelegt, Menschen näher an das Erreichen ihrer Potentiale zu bringen.

Lösungsfokussierte Arbeit in Schulen

Einige der bekanntesten Pioniere des lösungsfokussierten Ansatzes im Schulumfeld sind Molnar & Lindquist (1989), Durrant (1995), Furman & Ahola (1992), Metcalf (1995) und Rhodes & Ajmal (1995). Diese Autoren zeigten mit zunehmender Ausführlichkeit, Wahrnehmungsvermögen und Umfang, wie lösungsfokussierte Gedanken bei allen Arten von Problemen in Schulen Anwendung finden können.

Die Prinzipien der Lösungsfokussierung passen gut in den integrativen und universellen erzieherischen Kontext.

Zu Beginn wurde der Ansatz empfohlen, um Lehrern oder Lehrerinnen und Schülern oder Schülerinnen dabei zu helfen, problematisches Verhalten zu verändern. Durrant und Metcalf zeigten Beispiele, wie lösungsfokussierte Gedanken für eine große Bandbreite von Verhaltensschwierigkeiten Anwendung finden können. Furman & Ahola schrieben ein Arbeitsbuch für Kinder, »Ich schaff's«, in dem sie Fehlverhalten in »noch zu lernende Fähigkeiten« verwandelten. Rhodes und Ajmal erweiterten die Anwendung lösungsfokussierter Gesprächsführung um Lehrergespräche über Verhaltensmanagement, Hilfe für Kinder mit Leseschwierigkeiten und Arbeit mit der ganzen Organisation, wie z. B. Planung von pädagogischen Trainings.

Die meisten Anwendungen lösungsfokussierter Praxis konzentrieren sich auf den Fortschritt der Klienten und Klientinnen hin zu ihrer gewünschten Zukunft, ohne zu versuchen, Probleme zu »lösen«. Dennoch wird lösungsfokussierte Arbeit allgemein im Problemkontext beschrieben. Es wird lieber formuliert, dass man Kindern mit Verhaltensschwierigkeiten helfen möchte, als das Verhalten aller Schüler und Schülerinnen zu verbessern, oder lieber Kindern mit Lernschwierigkeiten helfen will, als alle Schüler und Schülerinnen zu coachen, ihr Lernverhalten zu verbessern.

Nachdem die Gedanken der Lösungsfokussierung über die Grenzen der »Problemlösungsberufe«, wie zum Beispiel Therapeuten und Therapeutinnen und Sozialpädagogen und Sozialpädagoginnen hinaus in die Schulen gelangt waren, bemerkten auch die Pädagogen und Pädagoginnen die Relevanz lösungsfokussierter Ideen für die Entwicklung guter Arbeit bei allen Schülern und Schülerinnen. Die Prinzipien der Lösungsfokussierung passen gut in den integrativen und universellen erzieherischen Kontext, in dem die Annahme, dass jeder und jede Stärken hat, auf die man bauen kann, herrscht. Der Lehrplan wird auf der Basis dessen geplant, was wir Kindern vermitteln wollen und was sie lernen können, und nicht auf dem Wissen oder der Fähigkeiten, die ihnen fehlen. Die meisten Bewertungen im Erziehungsbereich sind dafür konzipiert, zu messen, wie weit Schüler und Schülerinnen Fortschritte gemacht haben, um dann den nächsten Schritt zu gehen. Selbst wenn festgestellt wird, dass Schüler oder Schülerinnen spezielle pädagogische Bedürfnisse haben, hat sich das Lehren seit den späten 1970ern vom diagnostischen Testen und Beseitigen der Defizite entfernt (Ainscow & Tweddle, 1979). Das vorrangige Ziel der Schulen ist es eher, den Schülern und Schülerinnen dabei zu helfen, ihren Möglichkeiten gerecht zu werden, oder sich ihnen anzunähern, als ihre Probleme zu lösen. Im günstigsten Fall ist Erziehung ein lösungsfokussiertes Unterfangen. Positive Veränderung bei den Kindern soll ermöglicht werden. Erziehung baut darauf auf, was Kinder schon wissen und können und macht das meiste aus ihren Fähigkeiten, damit sie in die Lage versetzt werden, ihre erwünschte Zukunft zu erreichen.

Wo es keine Probleme zu lösen gibt und demnach keinen Bedarf an »Lösungen«, sollte die lösungsfokussierte Arbeit eher korrekt als »potentialfokussierte Arbeit« beschrieben werden. Als solche ist sie für alle Mitglieder der Schulgemeinschaft, einschließlich Lehrerkollegium, Schülern und Schülerinnen, Eltern und allen anderen an Schule Beteiligten von Bedeutung, da sie alle das gemeinsame Ziel verfolgen, die Potentiale der Kinder zu verwirklichen. Es ist ein Modell für alle Schulen, nicht nur für Probleme mit Schulen oder für Schulen mit Problemen; es ist ein Modell für alle Schüler und Schülerinnen, nicht nur für Probleme mit Schülern und Schülerinnen oder Schülern und Schülerinnen mit Problemen. Folglich hat der lösungsfokussierte Ansatz ein breiteres Anwendungsfeld. An den Schulen fängt man erst an, die Möglichkeiten für die Umsetzung des lösungsfokussierten Ansatzes zu nutzen: Verbesserung der beruflichen Entwicklung, Lehren und Lernen, akademische Leistungen fördern, Partnerschaft mit Eltern, Erfolge im extracurricularen Lernen, Anwesenheit und Verhalten. Der lösungsfokussierte Ansatz kann im Grunde überall Anwendung finden, wo es den Wunsch gibt, Potentiale zu maximieren.

Die Prinzipien, die de Shazer entdeckte, haben ein größeres Anwendungsfeld, als lediglich Lösungen für Probleme zu finden. Jeder, der positive Veränderungen fördern möchte, um den Potentialen eines Individuums oder einer Organisation gerecht zu werden oder der jemandem helfen möchte, »sich selbst und seinen Glaubenssätzen so gerecht zu werden, dass es ihn mit Stolz erfüllt« (George, Iveson & Ratner, 1999, S. 28) wird de Shazers Einsichten darin, wie man am besten helfen kann, etwas zu verändern, begrüßen.

Lösungsfokussierte Arbeit ist das Mittel, durch das Ziele erreicht werden können, ohne die Notwendigkeit, nach Lösungen für Probleme zu suchen oder Hindernisse zu überwinden, und unabhängig davon, ob es ein Problem gibt oder nicht.

Beispiel 1:   *Ein Anti-Mobbing-Tag an einer weiterführenden Schule*

> *Ich war von einer Jahrgangskoordinatorin einer weiterführenden Schule angesprochen worden, die rückblickend voreilig zugesagt hatte, einen Anti-Mobbing-Tag für ihre Jahrgangsgruppe zu organisieren. Sie hatte gehört, dass ich Anti-Mobbing-Arbeit an Schulen durchführte und hoffte, dass ich ihr helfen könnte. Je schneller der Tag nahte, desto mehr sorgte sich die Lehrerin, dass sie keine Ideen hatte, was sie unternehmen könne.*
>
> *Ich regte an, dass sie nicht die alleinige Verantwortung für den Tag übernehmen könnte. Es wäre doch gut, wenn die beteiligten Lehrer und*

Lehrerinnen jeweils ihre eigenen fachlichen Fähigkeiten nutzen könnten. Die Jahrgangskoordinatorin war auch Tanzlehrerin und ich fragte sie, ob sie sich z.B. vorstellen könnte, mit den Kindern tänzerisch etwas zum Thema »Anti-Mobbing« zu machen. Sie antwortete: »Natürlich! Ich bin Tanzspezialistin – das ist kein Problem für mich«, und so war es auch für die anderen beteiligten Lehrer und Lehrerinnen.

Das Thema des Tages war Anti-Mobbing mit dem Schwerpunkt auf Förderung von Freundschaften und Kooperation. Die einzige Auflage der Lehrer und Lehrerinnen für ihre Arbeit mit den Kindern an diesem Tag war, dass am Ende des Tages ein einzelnes Arbeitsstück für eine Ausstellung oder Darstellung fertiggestellt sein musste.

Alle Schüler und Schülerinnen kamen in der letzten Schulstunde in der Sporthalle (hier war am meisten Platz) zusammen, um allen anderen zu zeigen, was sie erarbeitet hatten. Die Sportabteilung begann mit der Demonstration gemeinschaftlicher Teambildungsspielen und ihre zwei Gruppen starteten einen Wettbewerb darin, eine Bank in, über und um einen Hindernisparcours zu tragen. Sie schafften es auch, die Gerätschaften doppelt so schnell wieder wegzuräumen. Einige Schüler und Schülerinnen rezitierten Gedichte und Texte, die sie in der Englischgruppe geschrieben hatten. Die Theatergruppe zeigte einige Gemeinschaftsstücke einschließlich eines »heißen Stuhls«. Die Kunstgruppe stellte von ihnen gefertigte Poster aus. Andere Schüler und Schülerinnen sangen Raps, die sie mit Hilfe der Musiklehrer und -lehrerinnen komponiert hatten, und die Gruppe der Jahrgangskoordinatorin führte ihren Tanz auf.

Den Schülern und Schülerinnen gefiel der Wettbewerb und sie zeigten ihre Wertschätzung für die Arbeit der anderen mit enthusiastischer Begeisterung. Die Lehrer und Lehrerinnen waren genauso begeistert. Der Leiter der Sportabteilung fand, dass die Schüler und Schülerinnen so viel Nutzen aus den Teambildungsspielen gezogen hatten, dass er diese häufiger im Lehrplan berücksichtigen wollte. Der Rektor der Schule besuchte ebenfalls die Aufführungen und war offensichtlich bewegt und erfreut über den Erfolg des Tages.

Ein lösungsfokussierter Blick auf Anti-Mobbing-Programme

Wenn man die Grundsätze lösungsfokussierten Arbeitens (Beschreiben der gewünschten Zukunft, Wahrnehmen der erfolgreichen Vergangenheit, Wertschätzen der vorhandenen Stärken, mehr von dem tun, was funktioniert) berücksichtigt, kann man vorhersagen, welche Aktivitäten im Rahmen von Anti-Mobbing-Programmen wahrscheinlich erfolgreich sein werden und sie von Strategien, die wahrscheinlich weniger hilfreich oder sogar schädlich sind, unterscheiden. Diese Grundsätze (und damit die Vorhersagen) lassen sich sowohl auf einzelne Elemente in Programmen als auch auf das gesamte Projektmanagement anwenden, denn »egal, wie gut eine Lösung zu sein scheint, wenn sie nicht funktioniert, ist sie keine Lösung« (de Shazer & Dolan, 2007, S. 2). Im Folgenden gehen wir noch einmal detaillierter auf jeden Grundsatz ein.

> »... egal, wie gut eine Lösung zu sein scheint, wenn sie nicht funktioniert, ist sie keine Lösung«.

Beschreiben der gewünschten Zukunft

Die Hauptannahme, auf der die meiste Anti-Mobbing-Arbeit bisher fußt, ist, dass Expertenwissen über Mobbing Schulen hilft, dieses zu reduzieren. Sie impliziert, dass auf einer Skala von Eins bis Zehn, wobei Eins der schlimmste denkbare Mobbing-Zustand an einer Schule ist und Zehn das Fehlen von Mobbing bedeutet, 10 »kein Mobbing« wäre. Der beste Zustand wäre also die Abwesenheit eines Problems.

Ganz gegensätzlich zu dieser Haltung hatte de Shazer festgestellt, dass es hilfreicher ist, an den positiven Zielen der Klienten und Klientinnen zu arbeiten und sie zu ermutigen, ihre erwünschte Zukunft genau zu beschreiben. Daher lenkt lösungsfokussierte Anti-Mobbing-Arbeit die Konzentration auf die Beschreibung dessen, was sich Schulen wünschen, wenn die Beziehung zwischen den Schülern oder Schülerinnen deren eigene positiven Potentiale erfüllt. Auf einer lösungsfokussierten Skala von Eins bis Zehn, bei der Eins für den schlimmsten Mobbing-Zustand an Schulen steht, bedeutet Zehn nicht nur lediglich das Fehlen von Mobbing, sondern positiv eine sichere, freundliche und unterstützende Umgebung. Lösungsfokussierte Arbeit ermöglicht und »verdichtet« eine Beschreibung der Schule in ihrer gewünschten Zukunft. Je detaillierter und vertrauter diese Beschreibung ist und je mehr sie »geprobt« wird, umso wahrscheinlicher wird sie geschehen.

Lehrer und Lehrerinnen wissen, dass Aufmerksamkeit, auch negative, gegenüber jeglichem Verhalten zur Verstärkung dieses Verhaltens führen kann. Es scheint zumindest plausibel, dass die auf Mobbing gerichtete Aufmerksamkeit eine selbstzerstörende Strategie sein könnte. Wachsendes Problembewusstsein läuft eher Gefahr, Mobbing zu steigern statt zu reduzieren, da es seinen Fokus auf das unerwünschte Verhalten richtet. Dieses untragbare Risiko wird vermieden, wenn man sich stärker bewusst macht, was stattdessen sein soll: die gewünschte Zukunft. Das bedeutet nicht, das Problem Mobbing zu ignorieren, sondern sich auf die denkbar effektivste Weise mit ihm zu befassen.

Erkennen der erfolgreichen Vergangenheit

Eine weitere Charakteristik der lösungsfokussierten Arbeit ist die Identifikation des bereits existierenden Erfolgs. Das Phänomen, dass Menschen dazu neigen, die Bedeutung dessen, was schon funktioniert, nicht zu bemerken, wurde von de Shazer erkannt. Zu Beginn ihrer Arbeit mit Klienten und Klientinnen hatte de Shazer die Annahme, dass der Therapeut oder die Therapeutin Auslöser der Veränderung sein muss (1988, S. xv). In der Weiterentwicklung ihrer Arbeit stellte die Gruppe um de Shazer aber fest, dass dies falsch war. Vielmehr taten die Klienten und Klientinnen immer bereits Dinge, die funktionierten, bevor sie zur Therapie kamen. Diese Erkenntnis war wesentlich, um Menschen zu helfen, die Handlungsweisen zu entdecken, die weitere Verbesse-

> *Es gibt immer Ausnahmen vom Problem. Es gibt immer Zeiten, in denen das Problem gar nicht oder weniger vorhanden ist.*

rungen möglich machten: Es gibt immer Ausnahmen vom Problem. Es gibt immer Zeiten, in denen das Problem gar nicht oder weniger vorhanden ist.

Anti-Mobbing-Programme wurden immer als »Veränderungsprozess« für Schulen initiiert. Daher wurde die Bedeutung bereits existierender guter Arbeit meist wenig gewürdigt. Mellor (1999) lenkte, damals ungewöhnlich, die Aufmerksamkeit auf die großen und ungeklärten Unterschiede zwischen Schulen in Bezug auf das unterschiedlich starke Vorkommen von Mobbing. In seiner Untersuchung über zehn weiterführende schottische Schulen konnten die verschiedenen Mobbing-Level nicht auf Faktoren wie zum Beispiel Größe der Schule oder Schülerzahl zurückgeführt werden. Der Anteil der Schüler und Schülerinnen, die angaben, an einzelnen Schulen gemobbt zu werden, reichte von 2,4 % bis 15,4 %. Keine dieser Schulen hatte übrigens eine festgelegte Anti-Mobbing-Strategie oder »Policy«. Stevens u. a. (2004) stellte eine ähnlich große Differenz in seiner Untersuchung an 84 flämischen Schulen fest. Die Anzahl der gemobbten Schüler und Schülerinnen variierte zwischen 8,5 % und 46 % an Grundschulen und zwischen 5 % und 29 % an weiterführenden Schulen.

Ein lösungsfokussierter Blick auf diese Untersuchungen würde annehmen, dass es einige Schulen bereits geschafft haben, sehr wirkungsvoll mit Mobbing umzugehen. Der lösungsfokussierte Ansatz sieht neugierig auf den relativen Erfolg, auf die Ausnahmen unter den Schulen, da er Hinweise auf das Vorhandensein wirksamer Arbeit gibt.

Schülerfragebögen beinhalten noch mehr Anhaltspunkte für die erfolgreiche Arbeit an Schulen. Auf der Datenbasis von Schülerantworten vor jeglicher Intervention wird geschätzt, dass sich die Häufigkeit von Mobbing an Schülern und Schülerinnen, je älter sie werden, um ca. 15 % pro Jahr reduziert (DFE, 1994; Smith u. a., 1999; Olweus, 2004). Verständlicherweise suchen Forscher nach einem Weg, diese »natürliche« Reduktion von Mobbing statistisch zu eliminieren, um den Mehrwert ihrer Programme zu messen.

Der durchschnittliche Wert der jährlichen Reduktion ist größer als der, der durch die meisten Anti-Mobbing-Programme erreicht wird. Solange es keinen Gegenbeweis gibt, vermuten daher lösungsfokussierte Praktiker und Praktikerinnen, dass Schulen im Laufe der Zeit ihren Beitrag zu dieser Reduktion leisten. Sie stellen sich die Frage:»Was unternimmt dieses Kollegium bereits, das hilft, die Anfälligkeit der älter werdenden Schüler und Schülerinnen für Mobbing zu reduzieren?« Diese und andere ähnliche Fragen helfen zu identifizieren, was bereits funktioniert.

Da lösungsfokussierte Arbeit unabhängig jeglicher Problemtheorien funktioniert, kann man davon ausgehen, dass lösungsfokussiertes Vorgehen immer das Potential hat, hilfreich zu sein – völlig unabhängig davon, was die Annahmen zur Problementstehung sind. (Tatsächlich wird der Gedanke, dass sich Mobbing Jahr um Jahr reduziert, gerade hinterfragt (Salmivalli, 2002)). Die meisten Theorien über Mobbing und wie man es reduzieren kann, sind von widersprüchlichen Forschungsergebnissen und Veränderungen im Zeitablauf und kulturellem Kontext betroffen. Die Unabhängigkeit von Theorien ist eine unschätzbare Stärke des lösungsfokussierten Ansatzes. Egal ob die Theorien richtig oder falsch sind, der Lackmustest ist das Resultat – funktioniert es?

> *»Menschen verändern sich nicht, indem sie auf ihre Defizite aufbauen, sondern indem sie ihre Ressourcen nutzen.«*

Die Würdigung bereits existierender guter Arbeit liefert Anhaltspunkte für einfache, vorwärts gerichtete Lösungen. Der sichere Weg, effektive Anti-Mobbing-Arbeit zu identifizieren, ist, nach Hinweisen erfolgreicher Arbeit zu suchen, die in Schulen stattfindet. Wenn sie einmal entdeckt sind, führt ein Mehr-davon-Tun wahrscheinlich zu einer weiteren Reduktion von Mobbing.

Wertschätzen der vorhandenen Stärken

Lösungsfokussierte Praktiker und Praktikerinnen suchen aktiv nach vorhandenen Stärken, wertschätzen sie und bemerken deren Stellenwert beim Fortschritt. So schreibt Ajmal:»Menschen verändern sich nicht, indem sie auf ihre Defizite aufbauen, sondern indem sie ihre Ressourcen nutzen.« (2001, S. 27). Ähnlich stellen Galloway & Roland (2004, S. 41–42) fest:»Das Wort ›Entwicklung‹ in beruflicher Entwicklung impliziert, dass es wichtig ist, auf existierende Praxis mit existierender Wissensbasis zu bauen. Lehre hat die Kernaufgaben, ein soziales Klima zu schaffen, das die Schüler und Schülerinnen schätzen, in dem sie lernen möchten und eine pädagogische Atmosphäre, die das Lernen der Schüler und Schülerinnen unterstützt.« Ein erfolgreiches Anti-Mobbing-Projekt basiert auf dem professionellen Wissen und den Ressourcen der Lehrer und Lehrerinnen in Bezug auf die Förderung eines positiven sozialen Klimas.

Aufgrund ihrer ureigenen Natur sind Antworten auf die Frage, welche Fähigkeiten Schulen haben, welche Fähigkeiten man aus ihren Erfolgen herleiten kann, so individuell wie das Personal an jeder Schule und die Gemeinschaft, der es dient. Die Aktivitäten, die gute Beziehungen zwischen Schülern und Schülerinnen an Schulen fördern, unterscheiden sich erheblich, da sie auch vom Lehrplan abhängen und zu ihm beitragen. Arbeitsgemeinschaften, Exkursionen, Sport, Musik, Theateraufführungen und eine Menge anderer Aktivitäten leisten ihren Beitrag zum sozialen Zusammenhalt und Klima einer Schule. Aus diesem Grund ist es schwierig, ein einheitliches Paket von Empfehlungen zu schnüren, das für alle Schulen passt. Selbst wenn alle Schulen die gleichen Initiativen umsetzen würden, käme es trotzdem zu einer großen Bandbreite an Resultaten: Jede Schule ist individuell, jede Stadt und Gemeinde ist individuell.

Wenn sich an Schulen die wichtigsten Messwerte für Mobbing nach Anti-Mobbing-Projekten verschlechtern, weißt das darauf hin, dass in diesen Schulen die bereits existierenden Fähigkeiten und Praktiken effektiver waren als die Veränderungen, die eingeführt wurden. Obwohl es sicherlich allgemeingültige Ideen für gute, allgemein akzeptierte Schulpraxis gibt, variieren die Details der Stärken und Fähigkeiten so stark, dass sie nur durch wertschätzende Nachforschung an der jeweiligen Schule erkannt werden können.

Mehr von dem tun, was funktioniert

Lösungsfokussierte Arbeit deutet darauf hin, dass kleinste Schritte und sparsame Interventionen am effektivsten sind, um eine Veränderung voranzubringen. Außerdem sind Empfehlungen dann am besten, wenn sie vorschlagen, mehr von dem zu tun, was bereits gut funktioniert. Anders ausgedrückt greift eine lösungsfokussierte Anti-Mobbing-Initiative das auf, was bereits den Erfolg einer Schule im Kampf gegen Mobbing ausmacht. Diese Wertschätzung motiviert die Mitarbeiter und Mitarbeiterinnen einer Schule, den Erfolg weiter voranzubringen. Die Interventionen darauf zu gründen, was Schulen bereits erfolgreich tun, der Ausbau der eigenen erfolgreichen Methoden und die verstärkte Nutzung existierender Fähigkeiten, ist auch die nachhaltigste Art zu arbeiten.

Es gibt Hinweise aus der Anti-Mobbing-Forschung darauf, dass Projekte, die keine äußere Hilfe in Anspruch nehmen, effektiver sind. In einer interessanten und sorgfältigen Studie zeigten Stevens, Van Oost & De Bourdeaudhuij (2004), dass Grund- und weiterführende Schulen, die ihr eigenes Anti-Mobbing-Programm umsetzten, ein besseres Ergebnis zeitigten als Schulen mit Training und Unterstützung von außen. Ebenso hatten zwei der drei miteinander verglichenen weiterführenden Schulen im Sheffield-Projekt durch ihre eigenen Anti-Mobbing-Programme bessere Ergebnisse als die meisten Schulen des Projekts (Whitney, Rivers, Smith & Sharp, 1994).

Die lösungsfokussierte Perspektive weist darauf hin, dass der Erfolg von Anti-Mobbing-Initiativen davon abhängt, wie weit sie die verfügbaren Fähigkeiten und Stärken jeglicher Schulen zu jedem Zeitpunkt anzapfen können. Projekte sind dann am effektivsten und nachhaltigsten, wenn sie auf das Wissen und das Verständnis der Lehrer und Lehrerinnen in Bezug auf ihr tagtägliches Leben an ihrer eigenen Schule bauen.

Der lösungsfokussierte Ansatz zur Mobbing-Verminderung konzentriert sich auf die erwünschte Zukunft einer sicheren, freundlichen und unterstützenden Schule und arbeitet mit den existierenden Ressourcen der Schule. Dieser Ansatz wurde in Kempele, Finnland, angewandt und über einen ausgedehnten Zeitraum von 1990 bis 1998 beobachtet (Koivisto, 2004). Dieses Projekt schenkte dem Schulklima besondere Aufmerksamkeit. In Zusammenarbeit mit den Eltern und unter Beteiligung der Schüler und Schülerinnen schufen sie ein offeneres, respektvolleres und bestärkenderes Klima. Schüler und Schülerinnen wurden aktiv dazu um Feedback gebeten, was für sie am wirksamsten ist, um dann davon mehr zu tun, was bereits funktioniert. Im Projekt wurde ein System von gegenseitiger Schülerunterstützung (Peer-Support), das von allen sehr geschätzt wurde, weitergeführt. Trotz verschiedener Trainingsveranstaltungen für Lehrer und Lehrerinnen bekamen diese keine detaillierten Empfehlungen. Das Programm dauerte ein Jahr und in zweijährigen Intervallen wurden nachbetreuende Studien durchgeführt, die zeigten, dass trotz der relativ kurzen Aktion eine anhaltende Verbesserung erreicht worden war. Die erste Folgeuntersuchung zeigte, dass sich Mobben und Gemobbtwerden dauerhaft verringert hatten. Dieses Niveau blieb mehr oder weniger während der weiteren sechsjährigen Beobachtung erhalten.

Lösungsfokussiertes Anti-Mobbing verlangt eine niedrigere Intensität von Input von außen, weil es die Schulen ganz bewusst in die Richtung, in die die Lehrer und Lehrerinnen gehen möchten, und auf die Art und Weise, wie sie es möchten, bewegt. Traditionelle, öffentlich beachtete Anti-Mobbing-Projekte erfordern üblicherweise über einen langen Zeitraum ein hohes Maß an Anstrengungen. Möglicherweise gibt das Kollegium auch seinen Einsatz auf, wenn sich keine Fortschritte zeigen oder negative Effekte auftreten. Widerstand an Schulen ist ein nützliches Zeichen dafür, dass etwas anderes gemacht werden muss.

In einem einflussreichen Beitrag über Schulentwicklung bemerkte Hargreaves (2001): »Oft bemühen sich die Lehrer und Lehrerinnen intensiv um Veränderungen, jedoch nur mit wenig Auswirkung auf die Schüler und Schülerinnen. Dies führt zu Frustration und Erschöpfung der Lehrer und Lehrerinnen.« Die Herausforderung besteht nicht darin, die Lehrer und Lehrerinnen zu überzeugen, sich für arbeitsaufwendige Interventionen zu verpflichten, sondern darin den geringsten Aufwand, der das beste Ergebnis hervorbringt, herauszufinden, oder, wie es Hargreaves sagt, »Arbeite geschickter, nicht schwerer – work smart not hard.« Jüngst unterstrich ein jährlicher Bericht von Ofsted Folgendes: »Die Kernbotschaft dieses jährlichen Berichts ist, dass gute Führungskräfte wissen, wie sie die

Je weniger existierende Stärken eine Schule hat, desto wesentlicher wird es, diese zu identifizieren und auszunutzen.

angebotene Unterstützung gewichten; sie nutzen das Wesentliche und widerstehen allem, außer der richtigen Unterstützung zur richtigen Zeit. Dieser Punkt ist es wert, unterstrichen zu werden: Sofern die Unterstützung von außen nicht sorgfältig an die individuellen Umstände angepasst wird und ihr Einfluss nicht gründlich bewertet wird, kann sie noch mehr Probleme verursachen und im schlimmsten Fall die Entwicklung verlangsamen (2008, S. 8).«

Schulen sind unterschiedlich erfolgreich – es gibt quasi ein »Erfolgskontinuum«. Einige Schulen haben ein sehr niedriges Mobbing-Level. Sie müssen nur erkennen, was sie schon gut machen, um den Fortgang ihrer guten Arbeit sicherzustellen. Andere Schulen müssen genau identifizieren, wo ihre Stärken liegen, um mehr von dem zu tun, was gut funktioniert. Je weniger existierende Stärken eine Schule hat, desto wesentlicher wird es, diese zu identifizieren und auszunutzen. Lösungsfokussierte Arbeit gewährleistet, dass das Ziel der professionellen Entwicklung für die jeweilige Schule angepasst und geeignet ist. Anti-Mobbing ist, wenn es in lösungsfokussierter Art und Weise durchgeführt wird, ein dynamisches und dankbares Gebiet positiver Aktivität. Es bestätigt die existierenden Fähigkeiten der Schule und nutzt diese als Ressourcen, um größere Potentiale zu erreichen.

> *»Arbeite geschickter, nicht schwerer. Work smart not hard!«*

Beispiel 2: *Anti-Mobbing an einer Grundschule*

> *Nach der Fusion zweier benachbarter innerstädtischer Grundschulen beklagte sich eine Gruppe Eltern bei der Lokalpresse über Mobbing. Ihrer Ansicht nach war Mobbing an der neuen Schule weitverbreitet. Sie organisierten eine Eingabe für die bevorstehende jährliche Schulkonferenz.*
>
> *Die beschwerdeführenden Eltern wurden vor der Sitzung zu einer Schulbesichtigung eingeladen. Man kam überein, dass alle Eltern eingeladen und ermutigt werden sollten, mit dem Lehrerkollegium gemeinsam eine wirksame Anti-Mobbing-Richtlinie zu entwickeln und ihre Kinder in der Schule zu unterstützen.*

Das Ergebnis, »Die Anti-Mobbing-Arbeitsgruppe der Eltern« bestand aus allen freiwilligen Eltern, Schülervertretern, der Konrektorin und zwei Experten der örtlichen Behörden (Gail Holdorf, der Anti-Mobbing-Koordinator und ich selbst). Die Arbeitsgruppe formulierte eine sehr kurze Anti-Mobbing-Richtlinie. Darin eingeschlossen waren einige Ideen für die Entwicklung, die beim ersten Treffen von verschiedenen Personen vorgeschlagen worden waren. Regelmäßige Rundschreiben, zusammen mit der wiederkehrenden Aufforderung, bei der Arbeitsgruppe mitzumachen, wurden an alle Eltern in regelmäßigen Abständen in Umlauf gebracht.

Zum Ende des Halbjahres war die Anti-Mobbing-Richtlinie formuliert, von der Schülervertretung abgesegnet, allen Eltern zugeschickt und bereit, zur Annahme an die Schulkonferenz gesandt zu werden. Wie die Eltern vorgeschlagen hatten, fand alle 14 Tage eine Sprechstunde statt. Die Eltern konnten so den örtlichen Anti-Mobbing-Koordinator treffen, wenn sie mit jemandem Schulunabhängigem sprechen wollten. Die Konrektorin gründete ein »Schulhofkumpel«-Projekt, wie sie es bereits an ihrer früheren Schule getan hatte. Ein »Kummerkasten« wurde für Kinder installiert, sodass sie um Hilfe für jedwedes Problem bitten können, auch in Mobbing-Situationen. Assistenzlehrer und -lehrerinnen bekamen kurze Trainingseinheiten, um support groups für Kinder, die sich gemobbt fühlten, zu leiten.

Sechs Monate später hatte die Arbeitsgruppe ihren Namen in »Schüler- und Schülerinnenunterstützung« geändert. Die Schülervertretung berichtete, dass das »Schulhofkumpel«-Projekt erfolgreich war und dass es eine »Freundschaftshaltestelle« auf dem Schulhof gab. Keiner der Eltern hatte es nötig gefunden, zur Sprechstunde zu gehen. Kinder, die an den Support Groups (Support Group für Mobbing-Opfer) teilgenommen hatten, wurden um ihre Einschätzung gebeten und diese wurde auf Video aufgezeichnet – ihre Erfahrungen waren ausschließlich positiv. Eine Überprüfung der Daten zeigte, dass die Beschwerden über Mobbing stetig von einem Fall pro Woche auf einen Fall pro Monat gefallen waren.

Nach einem Jahr führte die Schule eine Befragung sämtlicher Kinder durch. Thema war nicht nur Mobbing, sondern ob die Kinder sich wohlfühlten in der Schule, ob sie Freunde haben und sich sicher fühlen. Berater und Beraterinnen anderer Städte kamen zu Besuch, um sich die Anti-Mobbing-Methode anzusehen und ließen sie anschließend in ihre eigenen Richtlinien einfließen. Zwei Kinder wurden als Schulvertreter zu einer lösungsfokussierten Konferenz nach Polen eingeladen. Sie beantworteten dort höchst engagiert, veranschaulicht durch die Videoaufzeichnungen, Fragen zu ihren Erfahrungen als Mitglieder in Support Groups. (Mehr dazu siehe Kapitel 5)

Während dieser Entwicklung lag der Fokus der Arbeitsgruppe durchweg auf der erwünschten Zukunftsvision einer glücklichen, unterstützenden Schule, auf den kleinen, aber signifikanten Schritten auf dem Weg dorthin und auf den aktivierten Fähigkeiten und Stärken, die bereits an der Schule verfügbar waren. Innerhalb eines Jahres verwandelte die Schule ihren Ruf von einer Schule, die gegen weitverbreitetes Mobbing anzukämpfen hatte zu einer Schule, die beispielhaft gute Arbeit leistete.

(Mein Dank geht an Cathy Byrne, The Parks Primary School, Hull, für das Einverständnis, diese Fallstudie nutzen zu dürfen.)

Zusammenfassung

Bisher nutzt Veränderungsmanagement, egal ob für Einzelpersonen oder Organisationen, wie zum Beispiel Schulen, in überwältigender Mehrheit Problemlösungsmodelle. Problemlösung und Veränderungsmanagement waren sich so nahe, dass manchmal unterstellt wurde, sie seien dasselbe. Lösungsfokussiertes Denken bringt uns ein neues, kreatives, kraftvolles und schnell wirkendes Denkmuster für die Gestaltung von Veränderungsprozessen. Auf der Ebene von Kleingruppen oder Individuen entsprang die Entdeckung der »lösungsfokussierten Kurztherapie«, auf Großgruppen- oder Organisationsniveau dem »Appreciative Inquiry«.

Wenn es darum geht, Einzelpersonen oder Organisationen dabei zu helfen Veränderungen umzusetzen, sind die Prinzipien lösungsfokussierter Arbeit immer die gleichen – unabhängig davon, ob es ein Problem gibt oder nicht. Es geht darum, Menschen zu helfen, das zu bemerken, was schon funktioniert und mehr davon zu tun. Wirkungsvolle Interventionen kann man daran erkennen, dass sie ihren Fokus auf Folgendes richten:

- Beschreiben der gewünschten Zukunft.
- Wahrnehmen der erfolgreichen Vergangenheit.
- Wertschätzen der vorhandenen Stärken.
- Mehr von dem tun, was bereits funktioniert.

Lösungsfokussierte Arbeit bietet Schulen mit dem Blick auf ihre gewünschte Zukunft ein wirkungsvolleres Mittel, um Mobbing zu reduzieren. Der beste Weg sicherzustellen, dass Anti-Mobbing nicht versehentlich das Problem vergrößert, ist die ganz bewusste Konzentration darauf, wie sich die Schule ihre Gemeinschaft wünscht. Solange sich die Gedanken auf das Problem Mobbing und seine Beendigung konzentrieren, ist die Aufmerksamkeit vom Potential des Aufbaus einer freundlichen und unterstützenden Schulgemeinschaft abgelenkt. Schulen müssen nicht unterstellen, dass sie »ein Problem mit Mobbing« haben, das gelöst werden muss. Durch Wertschätzung der bereits geschehenden Anti-Mobbing-Arbeit der Lehrer und Lehrerinnen und Konzentration auf die verfügbaren Stärken in Schulen ist lösungsfokussierte Arbeit effektiver in der kontinuierlichen Entwicklung eines freundlicheren, sichereren und unterstützenden Klimas in dem jeweiligen, einzigartigen Kontext. Dieses Buch möchte beschreiben, wie Schulen Freundschaft und wechselseitig unterstützende Beziehungen durch lösungsfokussierte Gespräche auf der Ebene der gesamten Schule, im Unterricht oder für Einzelne fördern können.

Lösungsfokussierte Gedanken geben uns neue, kreative, kraftvolle und schnell wirkende Denkmuster

Kapitel Zwei: Schulentwicklung

Einleitung

In Kapitel Eins wurde dargestellt, wie lösungsfokussierte Grundsätze dafür genutzt werden können, zwischen wirksamen Anti-Mobbing-Strategien und solchen, die nicht so hilfreich oder sogar schädlich sind, zu unterscheiden. Dieses Kapitel beschreibt, wie man lösungsfokussiert mit ganzen Schulen arbeiten kann. Sie finden wertvolle Hinweise für die lösungsfokussierte Moderation von Gruppen und für das Individualcoaching mit dem Ziel der Entwicklung einer freundlichen, sicheren und unterstützenden Schulkultur.

Wir behandeln auch die Anwendung von lösungsfokussierten Grundsätzen auf zwei wichtigen Spezialgebieten in der schulischen Arbeit in Bezug auf Förderung eines Anti-Mobbing-Klimas: Wie Erwachsene ein gutes Vorbild sein können, und wie die Resilienz der Schüler gefördert werden kann. Obwohl lösungsfokussierte Therapeuten oder Therapeutinnen und Managementberater oder -beraterinnen und Organisationsentwickler oder Organisationsentwicklerinnen mit ihren Klienten und Klientinnen einfach nur eine besondere Art von Gespräch führen, ist diese lösungsfokussierte Art von Gespräch als erstaunlich wirkmächtig. Dieser Ansatz macht nicht viel Aufhebens – trotzdem ist er letztendlich einer der effektivsten, beeinflusst die weitere Schulkultur positiv und reduziert zudem das Mobbing.

Lösungsfokussierte Entwicklung für die gesamte Schule

In großen Schulen wird häufig einer kleinen Steuerungsgruppe die Verantwortung für ein Anti-Mobbing-Training und Anti-Mobbing-Aktivitäten übertragen. In der ganzen Schule können hilfreiche Gespräche mit allen Mitarbeitern und Mitarbeiterinnen in Trainings, manchmal in Gruppen oder zu zweit oder in jedweder Gruppenform, die zur jeweiligen Schule passt, durchgeführt werden. Hierfür kann man sich z. B. in Schulkonferenzen, Mitarbeiterversammlungen, Fachbereichstreffen, in den Stuhlkreisen in den Klassen, Elternbeiratssitzungen oder Elterntagen Zeit nehmen.

In einer lösungsfokussierten Schule wird mehr Zeit und Gelegenheit dafür gegeben, die existierenden Potentiale statt der Schwächen und Probleme, unter denen die Schule leidet, zu beschreiben.

Moderationsmöglichkeiten für das Thema »sichere und freundliche Schule«

Im Folgenden finden Sie den Ablauf einer Moderation für eine lösungsfokussierte Schulentwicklung im Bereich Anti-Mobbing:

- Beschreiben der gewünschten Zukunft
- Blick auf die Ressourcen
- Skala: Wie soll es sein?
- Werte in der Skala?
- Skala: Wahrnehmen der erfolgreichen Vergangenheit, Wertschätzung der Ressourcen
- Mehr tun von dem, was funktioniert: erste Schritte
- Fokussieren auf die identifizierten Prioritäten

Beschreiben der gewünschten Zukunft

Damit sich die Aktionen zur Reduktion von Mobbing auf die gewünschte Zukunft fokussieren können, müssen sich die Mitglieder der Schulgemeinschaft wohlfühlen, wenn sie ihre Hoffnungen, dass die Schule die bestmögliche Schule wird, die sie sein kann, und Mobbing kein Thema mehr ist, explorieren und artikulieren. Manchmal werden Visionen als das Vorrecht des Rektors oder des Leitungsteams angesehen, aber alle Mitglieder der Schulgemeinschaft – Elternvertreter und -vertreterinnen, Mitarbeiter und Mitarbeiterinnen, Schüler und Schülerinnen und Eltern – haben ihre eigenen Ideen, wie sie sich ihre Schule wünschen. Tendenziell bleiben diese Ideen ziemlich ungenau, wenn es keine regelmäßigen Einladungen dazu gibt, sie deutlich zu formulieren. In einer lösungsfokussierten Schule wird mehr Zeit und Gelegenheit dafür gegeben, die existierenden Potentiale, statt der Schwächen und Probleme, unter denen die Schule leidet, zu beschreiben.

Führung bedeutet nicht so sehr, die Vision zu definieren, sondern eine Diskussion zu ermöglichen, die zur Entdeckung der gemeinsam erwünschten Zukunft, den Zielen und Werten, die dieser Zukunft implizit zugrunde liegen, führt. Die Beschreibung des Potentials einer Schulgemeinschaft könnte einem so vorkommen wie ein Schritt, der hauptsächlich zur Vorbereitung der anschließenden Aktionen dient. Das ist aber nicht der Fall. Lösungsfokussierte Schulleitungen laden die Mitarbeiter und Mitarbeiterinnen, die Eltern und Schüler und Schülerinnen dazu ein, regelmäßig zur Beschreibung der erwünschten Zukunft beizutragen. Sie wissen, dass es hilfreich für die Umsetzung ist und dass, je detaillierter die Beschreibung ist, desto wahrscheinlicher es wird, dass es auch passiert.

Einige der bewährten lösungsfokussierten Techniken können für diesen Zweck einfach angepasst werden. Lösungsfokussiertes Skalieren (genauere Beschreibung auf der nächsten Seite) kann genutzt werden, um die Formulierung von Hoffnungen und Zielen in Bezug auf viele Bereiche der Schulstrategie und -richtlinienerarbeitung zu ermöglichen. Die Kleinschrittigkeit der Skala ermöglicht es aber auch, von der Strategie- und Richtlinienebene herunter auf die Ebene kleiner, aber signifikanter Schritte zu gelangen und diese zu identifizieren. Die Randgrößen der Skala, Eins und Zehn, werden so definiert, dass die gegenwärtige Position höher als Eins und niedriger als Zehn eingeschätzt wird. Idealerweise wird die Skalenfrage so gestellt, dass die momentane Situation irgendwo in der Mitte eingeschätzt wird. Das erlaubt es, sowohl die existierenden Stärken wertzuschätzen als auch die zukünftigen Möglichkeiten zu explorieren.

> *Lösungsfokussiertes Skalieren kann genutzt werden, um die Formulierung von Hoffnungen und Zielen in Bezug auf viele Bereiche der Schulstrategie und -richtlinienerarbeitung zu ermöglichen*

Bei einer Skalierung in der Gruppe ist es nützlich, wenn die Teilnehmer zu einem gemeinsamen Arbeitsergebnis finden, ohne die Annahme, dass irgendeine individuelle Skalierung »zu hoch« oder »zu niedrig« ist, da ja die unterschiedlichen Sichtweisen und Prioritäten der Teilnehmer beeinflussen, wo sie die Situation auf der Skala im Moment einschätzen.

Blick auf die Ressourcen

Lösungsfokussiertes Vorgehen beginnt mit einer kurzen Orientierung mit Blick auf die Fähigkeiten statt auf die Probleme. Dies sollte nur einige Minuten dauern, bevor man auf »das Thema« kommt. Im Kontext eines Trainings könnte eine angemessene »Aufwärmübung« darin bestehen, dass sich Zweiergruppen zusammentun und sich gegenseitig fragen:

- Was machen die Mitarbeiter und Mitarbeiterinnen an dieser Schule gut?
- Was hat für Sie heute gut geklappt?
- Was haben Sie bemerkt, das ein Kollege oder eine Kollegin diese Woche gut gemacht hat?

Skala

Hier ist ein Beispiel für die Verwendung einer Skalierungsfrage, um die gewünschte Zukunft zu beschreiben:

- Auf einer Skala von Eins bis Zehn, wobei Eins bedeutet: »die Schule unternimmt nichts, um Freundschaft oder gegenseitige Unterstützung zu fördern« und Zehn bedeutet: »die Schule ist so freundlich, sicher, unterstützend, wie nur irgend möglich« – wo steht Ihrer Meinung nach die Schule jetzt?

1   10

Tut nichts   Freundlich, sicher und unterstützend

- Stellen Sie sich vor, Sie besuchen eine Schule, die (mit den gegebenen Ressourcen wie Mitarbeiter und Mitarbeiterinnen, Gebäude, Schüler- und Schülerinnen), die beste Schule ist, die sie nur sein kann. Sie tut außerdem alles, um eine sichere, unterstützende, freundliche Gemeinschaft zu sein, und das ist die Zehn. Was ist das Erste, das sie bemerken, das Ihnen sagt, dass diese Schule auf einer Zehn ist?

- Woran merken Sie es noch? Was merken Sie als nächstes?

Diese Fragen sind nicht leicht zu beantworten. Die Art und Weise der Fragestellung ist wichtig. Damit sich die Befragten bei der Ausarbeitung ihrer Ideen wohlfühlen, müssen die Fragen eher neugierig als fragend, aber dennoch beharrlich gestellt werden.

> *Es ist wichtig, immer weiter nach mehr und mehr spezifischen Details zu fragen um sicherzustellen, dass die Antworten die hilfreichsten Ideen ans Licht bringen.*

Viele lösungsfokussierte Fragen sind so offen, dass eine Antwort alleine nicht genug ist. Die Mitarbeiter von BRIEF in London waren anerkanntermaßen die ersten (de Shazer & Dolan 2008, S. 72), die die Wichtigkeit des »Was noch?«-Fragetyps verstanden haben. »Was noch?« ist neugierig, aber auch beharrlich.

Typische erste Antworten können beinhalten:

- Verhältnis zwischen Mitarbeitern und Schülern oder Schülerinnen
- Qualität der Umgebung und Einrichtung
- Verhältnis zu den Eltern
- motivierte Mitarbeiter und Mitarbeiterinnen usw.

In lösungsfokussierten Unterhaltungen werden die hilfreichsten, handlungsorientiertesten Antworten selten am Anfang genannt. Deshalb ist es wichtig, immer weiter nach mehr und mehr spezifischen Details zu fragen, um sicherzustellen, dass die Antworten die hilfreichsten Ideen ans Licht bringen. Dies kann z. B. mit Nachfragen auf die vorherige Antwort passieren:

- Antwort: »Auf einer Zehn hätten Mitarbeiter und Mitarbeiterinnen ein gutes Verhältnis zu den Schülern und Schülerinnen.«

- Neue Frage: »Was würden wir sehen, das uns sagen würde, dass die Mitarbeiter und Mitarbeiterinnen ein gutes Verhältnis zu den Schülern und Schülerinnen haben?

Das Ziel ist es, immer mehr Details hervorzulocken, die »kleinen Unterschiede, die einen großen Unterschied machen«, zum Beispiel:

- die Schüler und Schülerinnen lächeln und grüßen
- die Mitarbeiter und Mitarbeiterinnen im Sekretariat sind beliebt
- Lehrer und Lehrerinnen begrüßen die Eltern
- Besucher bekommen ein Getränk angeboten

Werte

Nach dem Ideensammeln ist es eine nützliche Ausweitung dieser Fragestellung, wenn man sich im Anschluss gemeinsam überlegt, welche gemeinsamen Werte in der erarbeiteten Liste aufscheinen, welche Werte die Gruppe in der Schule fördern möchte und diese z. B. auf Moderationskarten schreibt. Die Ideen werden in Gruppen unter vier oder fünf Überschriften zusammengefasst (Annis Hammond, 1996), z. B. auf einer Metaplanwand oder einem Flipchart. Überschriften für die Zusammenfassungen könnten hier z. B. sein:

- freundlicher Ort
- jeder in der Gemeinschaft wird wertgeschätzt
- wir möchten, dass die Schule ein sicherer Ort ist

Als Resultat kann dann eine kurze Liste von Zielen und Hoffnungen stehen, die dem Vorhaben, der Strategie, Richtlinie oder die Methode, die die Schule entwickeln möchte, zugrunde liegen. Die Werte sind in den Details der Visionen davon, was sich die Schulgemeinschaft wünscht, enthalten – und sie umfassen auch zwangsläufig Anti-Mobbing-Werte wie zum Beispiel Respekt für andere Menschen und ihre Unterschiedlichkeiten.

Werkzeug 1: Woche der Freundschaft

Wie schon erwähnt, gibt es einen Plan der englischen Regierung, dass alle Schulen in England jedes Jahr eine Anti-Mobbing-Woche im Herbsthalbjahr durchführen sollen. Einige Schulen haben sich entschieden, diese Woche »Woche der Freundschaft« oder ähnlich zu nennen, da dieser Titel betont, was sie fördern möchten, statt zu betonen, was sie reduzieren möchten. Aktivitäten zur Förderung der Freundschaft sind für Lehrer oder Lehrerinnen und Schüler oder Schülerinnen angenehmer.

Die Namensänderung ist nicht nur kosmetischer Natur. Fragt man Lehrer und Lehrerinnen nach Ideen, unterscheiden sich die Vorschläge für eine Anti-Mobbing-Woche sehr von denen für eine Freundschaftswoche. Lösungsfokussierte Grundsätze zeigen, dass Vorschläge für eine Freundschaftswoche wahrscheinlich effektiver für die Reduktion von Mobbing sind, da sie die Aufmerksamkeit auf die gewünschte Zukunft richten.

Wahrnehmen der erfolgreichen Vergangenheit

Nutzt man wieder die Skalierung, verstärken die folgenden Fragen bereits existierende gute Praktiken:

- Angenommen, Eins bedeutet »die Schule tut rein gar nichts« und Zehn bedeutet »die Schule gibt alles hinsichtlich Sicherheit, Unterstützung und freundlicher Kommunikation (unter den gegebenen Rahmenbedingungen hinsichtlich Ressourcen, Mitarbeiter und Mitarbeiterinnen, Gebäude, Schüler und Schülerinnen usw.), wo befindet sich die Schule im Moment?

1	7	10
Tut nichts	Freundlich, sicher und unterstützend	

Sobald es eine grobe Übereinstimmung gibt, ist die nächste Frage:

- Was macht das Ergebnis so hoch? Was noch?
- Was machen wir bereits dafür, dass das Ergebnis eine Sechs ergibt und keine Fünf? (Oder eine Acht und keine Sieben? Oder sogar eine Zwei und nicht eine Eins?)

Wenn die Arbeitsatmosphäre gut ist, haben Mitarbeiter und Mitarbeiterinnen keine Schwierigkeiten, das zu beschreiben, was in ihrer Arbeit gut läuft – sie sind stolz darauf, was sie schon alles erreicht haben und glücklich, darüber sprechen zu können. Das, was gut läuft, kann sich auf die verschiedensten Themen erstrecken:

- Themen im Lehrplan
- Pläne zur Unterstützung der Kollegen
- seelsorgerische Gestaltung
- Themen in der Schulversammlung
- Preise und Belohnungssysteme für Schüler und Schülerinnen
- besondere Begebenheiten
- Veranstaltungen mit externen Rednern

Ist das Selbstvertrauen nicht so hoch, scheinen Beiträge zu einem unterstützenden Umfeld eher Ausnahmen oder Zufallstreffer zu sein. Sie werden leicht übersehen oder für unwichtig erachtet. Das Gespräch verwandelt sich dann häufig in eine Diskussion, warum der Punkt auf der Skala nicht höher ist, oder anders ausgedrückt, das Gespräch fängt an, sich um Probleme zu drehen.

Wenn eine erfolgreiche Vergangenheit eher als Ausnahme gesehen wird, wird diese in lösungsfokussierter Arbeit besonders gewürdigt und daraufhin erforscht, wie in ihr Zeichen für ein weiteres Vorgehen verborgen sind. In einer Schule, in der es Schwierigkeiten mit dem Betragen der Schüler und Schülerinnen gab, war das einzige identifizierte positive Gebiet die Arbeit der Mitarbeiter und Mitarbeiterinnen als Team. Durch die Anschlussfragen wurden die Details der hilfreichen Teamarbeit noch vergrößert:

- Wie zeigt sich Teamarbeit als solche?
- Wie bemerken die Mitarbeiter und Mitarbeiterinnen, dass sie die Unterstützung des Teams haben?
- Wie fördert das Leitungsteam Teamarbeit?

Die Mitarbeiter und Mitarbeiterinnen stellten fest:

- Es gibt Zusammenarbeit dabei, dass Schüler und Schülerinnen morgens ruhig in die Schule hineingehen
- Ideen und Ressourcen werden geteilt
- Es gibt gegenseitige Hilfe, wenn jemand Schwierigkeiten mit einem Schüler hat
- Man passt auf die Klassen des anderen auf

Es ist nicht erforderlich, nach irgendwelchen Schwächen zu suchen.

Je mehr diese funktionierenden Bereiche ausgearbeitet werden, desto mehr werden sie verstärkt. Es ist nicht erforderlich, nach irgendwelchen Schwächen zu suchen. Verbesserung wird leichter erreicht, wenn man auf das aufbaut, was die Mitarbeiter und Mitarbeiterinnen bereits gut machen. Das Aufzeigen von Schwächen, Gefahren und Grenzen ist ein problemorientiertes, demoralisierendes Unterfangen. »Wenn eine Organisation ständig hört, wie krank sie ist und wie wichtig es ist, dass sie sich endlich repariert, verhalten sich die Mitglieder der Organisation so, als sei sie krank« (S. Annis Hammond, 1996, S. 26). Da das, auf was wir uns fokussieren, sich verstärkt, hilft der Schule tatsächlich die Anerkennung von auch nur kleinen Erfolgen, sich in die gewünschte Richtung zu bewegen, ohne dass man groß noch etwas anderes tut.

Wertschätzung der vorhandenen Stärken

Es ist hilfreich, existierende Stärken ausdrücklich anzuerkennen. Wenn man im Vorhinein weiß, dass man am Ende positives Feedback geben wird, wird das Heraushören besonders von Fähigkeiten und positiven Qualitäten, was Eve Lipchik »mit einem konstruktiven Ohr zuhören« nennt (George, Iveson & Ratner, 1990, S. 38), leichter. Wenn die Mitarbeiter und Mitarbeiterinnen ihre Stärken bemerkt haben, können sie leicht motiviert werden, mehr von dem zu tun, was funktioniert. Die einfachsten Komplimente beginnen mit:

- Ich bin davon beeindruckt, dass ...

Gefolgt von Einzelheiten der vorausgegangenen Gespräche:

- der Organisation, des Plans zur Unterstützung der Kollegen und Kolleginnen
- die Art und Weise, wie das Team zusammenarbeitet

Komplimente und Wertschätzungen bauen eine »Brücke« von der Vergangenheit zur gewünschten Zukunft.

Werkzeug 2: Kummerkasten

> Bisweilen ist ein Schüler oder eine Schülerin für die Möglichkeit dankbar, vertraulich Hilfe herbeizurufen. Einige Schulen haben »Mobbing-Briefkästen« für Schüler und Schülerinnen, damit diese Mobbing melden können. Das erweckt vielleicht fälschlicherweise den Eindruck, dass es ein Problem mit Mobbing gibt. Auf der anderen Seite lenkt ein »Kummerkasten« die Aufmerksamkeit auf die umsorgenden und unterstützenden Qualitäten des Schulkollegiums, egal, was das Problem ist.

Mehr von dem tun, was funktioniert

Lösungsfokussierte Schulen identifizieren kleine, aber wesentliche Schritte, die auf Anhaltspunkten dafür, was bereits in der Vergangenheit funktioniert hat, beruhen, um sich umgehend in die gewünschte Zukunft zu bewegen. Sie arbeiten »geschickter, aber nicht schwerer – smart not hard«. Es ist einfacher, schneller und respektvoller im Umgang mit den großen Anstrengungen der Lehrer und Lehrerinnen in ihrer täglichen Arbeit auf den existierenden Erfolg zu bauen, als von ganz vorne zu beginnen. Tatsache ist: Werden existierende gute Methoden nicht wertgeschätzt, schlagen Vorschläge für die Zukunft wahrscheinlich fehl. Praktische Vorschläge entwickeln sich sehr natürlich, wenn die gegenwärtigen Stärken und Fähigkeiten, die eine weitere Entwicklung möglich machen, offen anerkannt wurden.

Die Skalierung kann für die Identifizierung bestimmter Entwicklungsgebiete genutzt werden. Wenn beispielsweise das Ergebnis einer gegenwärtigen Position eine Sechs ist:

1	6	7	10

Tut nichts   Freundlich, sicher und unterstützend

- Wir sind im Moment auf einer Sechs. Woran merken wir es, wenn wir auf einer Sieben sind?
- Was machen wir dann anders?
- Welchen Unterschied macht das für uns / für Sie?
- Was machen die Schüler und Schülerinnen anders, wenn wir auf einer Sieben sind?
- Was bemerken die Eltern?

Die Fragen beginnen mit: »Woran merken wir es, wenn wir auf einer Sieben sind?« Das ist nicht dasselbe wie: »Wie kommen wir auf eine Sieben?« Die letzte Frage beinhaltet irgendwie, dass eine Veränderung schwierig ist, während lösungsfokussierte Fragen dazu neigen, zu unterstellen, dass eine Veränderung unausweichlich ist. Durch diese Fragen erzeugte Lösungen werden durch existierendes Wissen, gute Arbeit, den bereits verfügbaren Fähigkeiten und ähnlichen Möglichkeiten beeinflusst. Schon ein Schritt weiter auf der Skala bedeutet machbaren, aber doch bedeutsamen Fortschritt.

> *Werden existierende gute Methoden nicht wertgeschätzt, schlagen Vorschläge für die Zukunft wahrscheinlich fehl.*

Identifiziert die Schule zum Beispiel, dass eine Art ein soziales Klima zu fördern darin besteht, dass die älteren Schüler und Schülerinnen ermutigt werden, den jüngeren zu helfen, könnte man diese gute Methode zum Beispiel auf die Beratung der Schüler und Schülerinnen bezüglich ihres Schulwechsels zur weiterführenden Schule ausweiten. Bei dieser Aktion geht es nicht um die Behebung eines Missstandes – es geht nicht um eine Problemlösung. Es geht um die Wertschätzung neuer Möglichkeiten, die aus existierenden Erfahrungen erwachsen.

Die Schule, die ihre Teamarbeit als Stärke identifiziert hatte, entschloss sich, daran zu arbeiten, die Art, wie die Schüler und Schülerinnen durch die Flure und in die Aula gingen, zu verbessern. Ein Vorteil der Skalierung ist, dass sämtliche Ideen in den Alltag der Schule, deren Leistungsniveau und Fähigkeit zur Veränderung passen.

Wenn Schulen auf diese Art und Weise planen, nutzen sie ihre innerhalb und außerhalb verfügbaren Ressourcen. Der Weg ist innovativ und einzigartig. Er bezieht sich genau auf die schuleigene Situation und gründet auf den eigenen Erfahrungen, sodass jeder zuversichtlich ist, dass es funktionieren wird. Natürlich gibt es keine Garantien. Es können sich andere Prioritäten abzeichnen oder Dinge auftauchen, die außerhalb jeglicher Kontrolle liegen, und die Aktion aus der Bahn werfen. Nichtsdestotrotz bietet die Arbeit auf Basis existierender Stärken die größte Möglichkeit für Erfolg in der Zukunft.

Zwei oder drei Ideen für Aktionen in der nahen Zukunft können priorisiert werden, zum Beispiel,

Was tun wir:

- morgen
- nächste Woche
- dieses Halbjahr

Beispielsweise könnte sich jemand freiwillig anbieten, seine Klasse nach Vorschlägen, wie man neue Schüler und Schülerinnen in der Schule unterstützen kann, zu befragen.

Beispiel 3:   *Training der Aufsicht in der Schulkantine*

Hier ein Beispiel von zwei Trainingssitzungen für die Aufsicht der Schulkantine an einer Grundschule. Die Schule hatte Unterstützungsbedarf für den Umgang mit dem Verhalten der Schüler und Schülerinnen an der Schule identifiziert. Im Anschluss finden Sie die Fragen, die ich gestellt habe. Die Antworten wurden auf Flipcharts notiert.

Ich überlegte mir, die erste Sitzung mit der Frage, was die Aufsichtsmitarbeiter und -mitarbeiterinnen an ihrer Arbeit mögen, zu beginnen. Jemand antwortete, dass das Verhalten der Schüler und Schülerinnen beim Mittagessen »nicht mehr so schlecht sei, wie es mal gewesen war«. Ich wollte keine gute Gelegenheit verpassen und forderte sie auf, zu überlegen, wie sich das Kantinenverhalten in der jüngeren Vergangenheit entwickelt hatte. Die Aufsichtspersonen erzählten, dass es jetzt mehr Spielzeug für die Kinder gibt.

Was für einen Unterschied macht es, dass es jetzt mehr Spielzeug gibt?

- *Weniger Streit*
- *Etwas, auf das sich die Kinder freuen*
- *Die Kinder langweilen sich nicht*
- *Die Gruppierungen vermischen sich untereinander, und es wird mehr miteinander geteilt*
- *Die Atmosphäre ist besser*

Was zeigt Ihnen, dass die Atmosphäre besser ist?

- *Die Kinder sind ruhiger, ausgeglichener*
- *Es gibt nicht so viele freche Antworten von den Schülern und Schülerinnen (Was sagen die Schüler und Schülerinnen jetzt stattdessen?)*
- *Kinder fordern die Aufsichtspersonen zum Mitspielen auf*
- *Die Aufsichtspersonen genießen mehr Respekt und Vertrauen*
- *Sie sprechen mehr mit den Kindern*
- *Die Kinder sprechen mehr mit ihnen*
- *Die Kinder sprechen mehr miteinander, Beziehungen verbessern sich, besonders mit ungezogenen Kindern*

Da das Thema »Gespräche« häufig genannt wurde und somit als wichtig identifiziert wurde, fragte ich: »Wie haben Sie es geschafft, dass sich die Kinder mehr unterhalten?«
Die Aufsichtspersonen haben sich bemüht, Sachen zu finden, die sie loben können

- *Haben den Kindern Aufgaben übertragen*
- *Haben bemerkt, dass die Kinder Aufmerksamkeit brauchen*
- *Haben den Kindern Hilfe angeboten*
- *Die Aufsichtspersonen fühlen sich einbezogener*

Es ist nicht klar, wie das Gefühl, mehr einbezogen zu sein, dazu führt, dass sich die Kinder mehr unterhalten. Deshalb war es wohl die Sache wert, weiter nachzuforschen, da die Aufsichtspersonen festgestellt hatten, dass es dazu beigetragen hatte, besser mit den Kindern umgehen zu können.

Was ist geschehen, das ihnen hilft, sich mehr einbezogen zu fühlen?

- *Es wird ihnen deutlich gesagt, was man von ihnen erwartet*
- *Sie werden darüber informiert, was sich an der Schule abspielt*
- *Es gibt Besprechungen über die Arbeit*
- *Ihre Ansichten werden gehört und berücksichtigt*
- *Sie wissen, wo sie stehen*

Sie schreien die Kinder weniger an, und Sie gehen mehr mit den Kindern nach draußen.

Jedes Gebiet, in dem bereits Fortschritte bemerkt wurden, ist es wert, weiter erkundet zu werden: »Sie schreien die Kinder weniger an. Was tun Sie jetzt stattdessen?«

- *Bis Zehn zählen*
- *Lächeln und weggehen*
- *Ernst schauen*
- *Einen Witz machen*
- *Besonders höflich sein*
- *Nicht mit ihnen streiten*

Also, auf einer Skala von Eins bis Zehn, wobei Eins »die ganze Zeit wird rumgeschrien« und Zehn »überhaupt niemand schreit« bedeutet, wo befinden Sie sich im Moment?

- *Die Aufsichtspersonen waren sich darin einig, dass sie sich schon ungefähr bei einer Fünf befanden.*

Glauben Sie, angesichts des Fortschritts, den Sie schon gemacht haben, dass der Zustand in zwei Wochen, wenn ich wiederkomme, noch besser ist?

- *Sie waren der Ansicht, dass sie in zwei Wochen bei einer Sieben sein würden.*

Wir vereinbarten eine weitere Besprechung in zwei Wochen, um zu sehen, wie sie weitergemacht hatten und was sie unternommen hatten, um es zu schaffen. In dem zweiten Treffen gab es eine kurze Zusammenfassung des ersten Treffens.

- *Sie erzählten mir, dass sie alle der Ansicht waren, jetzt bei einer Acht zu sein. Sie waren sehr zufrieden, wie sie gemeinsam auf das Ziel hingearbeitet hatten.*

Ich sagte: »Das ist ja fantastisch! Nach unserer letzten Besprechung hatten Sie gedacht, Sie könnten es bis zu einer Sieben schaffen. Wie haben Sie es geschafft, auf eine Acht zu kommen?«

- *Alle Aufsichtspersonen strengten sich unbeirrt an*
- *Sie zogen alle gemeinsam an einem Strang*
- *Die Kinder werden beim Spielen mehr miteinbezogen*
- *Die Organisation von Spielen hat sich verbessert*
- *Mehr Kinder nehmen an den Spielen teil*
- *Den Kindern wird gesagt, was am nächsten Tag ansteht*
- *Schwierige Kinder haben jetzt mehr Spaß*
- *Es wird mehr mit den Kindern gelacht*
- *Es ist ein fröhlicheres Umfeld*
- *Es gibt keinen Grund mehr herumzuschreien*
- *Sie lenken absichtlich Kinder von Ärger ab*

Ich lobte sie dafür, wie sie es geschafft hatten, das zu erreichen. Ihre Einstellung und Arbeitseinsatz als Team zeigten, dass sie es fertigbringen würden, das Mittagessen in der Zukunft zu verbessern. Sie diskutierten darüber, was sie als nächstes verbessern wollten. Sie schlugen als nächstes vor, sofort mit den Kindern auf den Schulhof zu gehen. Dafür dachten sie sich bereits aktiv organisatorische Veränderungen aus, die das möglich machen würden.

Während Maßnahmen zur Mitarbeiterentwicklung oder Planungsgesprächen in einer Führungsgruppe werden solche Ideen gesammelt und Aktionspläne geschrieben, für den Fall, dass man eine Dokumentation braucht. Ich nenne diese Aktionspläne »Live-Action-Plan«, da sie wirklich weit entfernt sind von den eher trockenen, zeitfressenden, langatmigen Dokumenten, die in einen Ordner abgeheftet werden und nur zu einem späteren Zeitpunkt als Beweismittel hervorgeholt werden, manchmal mit einem undefiniertem schlechten Gewissen.

Während späterer Trainings oder Moderationen ist es hilfreich, Teilnehmer dazu aufzufordern, in kleinen Gruppen, die zur Organisation der Schule passen, zusammenzuarbeiten. Jede Gruppe priorisiert zwei oder drei Gedanken in jeder Phase der Moderation und notiert sie auf Haftzetteln. Diese werden an die passende Spalte des Moderationsplans auf einer großen Wand platziert:

Live-Action-Plan für		
Gewünschte Zukunft	Erfolgreiche Vergangenheit	Stärken und Fähigkeiten
Was wollen wir erreichen? Wo stehen wir im Moment auf einer Skala von 1–10	Warum stehen wir schon so weit oben?	Wie haben wir das geschafft? Inwiefern sind die anderen involviert?
Schüler kommen in der Pause besser zurecht.	Aktivitäten in den Pausen und der Mittagszeit Aufsicht in den Pausen und der Mittagszeit	Schülerrat empfohlen Pausenequipment/ Aktivitäten X nimmt am Musik-Club teil Y nimmt am Computer-Club teil Jeder nimmt seine Pflichten während der Pausen wahr

Gewünschte Zukunft	Erfolgreiche Vergangenheit	Stärken und Fähigkeiten
Zusammenarbeit miteinander – im Unterricht Weniger Beschwerden: (Stattdessen?) Gute Beziehung zu den Eltern	Unterweisung des persönlichen und sozialen Lehrplans Schnelle Handlungen mit weniger Bedenken Camping-Ausflug mit der Schule	Supervisoren während der Mittagszeit Z gab ein Training Lehrer verfügbar für ein Treffen mit den Eltern Eltern helfen beim Camping-Ausflug und Football-Spiel nach der Schule

Wenn nötig, kann der Plan später abgeschrieben werden, oder man belässt ihn in Haftzettelform, um ihn jederzeit zu aktualisieren und er somit »lebendig« bleibt. Wenn man Handlungen auf diese Art und Weise plant, sieht jeder Beteiligte seinen Beitrag für den Fortschritt in Richtung der geteilten Visionen und Ideen unter Ausnutzung der existierenden Stärken. Nachdem die Vorschläge in die Praxis umgesetzt worden sind, können die Notizzettel in die Spalte

Erfolge feiern ist wichtig!

»erfolgreiche Vergangenheit« oder »Stärken« umgeklebt werden. Eine Schule nutzte dieses Format sehr wirkungsvoll, um den aufgrund einer Schulinspektion erstellten, im Lehrerzimmer hängenden Aktionsplan zu visualisieren und nachzuverfolgen. In Anhang A finden Sie ein einfaches Beispiel für diese Art von Planung. Es zeigt auf, wie sich mögliche, aus vorangegangenen Ideen entsprungene Aktionen für die Zukunft durch die Diskussion von links nach rechts durch die Spalten bewegen.

Bleibt nur noch sicherzustellen, dass auch die kleinsten Schritte in Richtung Erfolg bemerkt und wertgeschätzt werden und auch tatsächlich, wenn angebracht, gefeiert werden. Es ist ja allzu einfach, sich auf Problemlösungen zu konzentrieren, sich von einem Thema zum nächsten zu hangeln, zu denken, dass Fortschritte gemacht werden, wenn die Schule eigentlich nur ein »ausreichend« schafft. Den Erfolg zu feiern ist nicht nur einfach ein nettes Extra; in der lösungsfokussierten Schule wird dies genutzt, um zu validieren, dass es in die richtige Richtung geht und um für beständiges Engagement zu ermutigen.

Fokussierung auf die identifizierten Prioritäten

Die Handlungen, die während lösungsfokussierter Gespräche identifiziert wurden, sind in Bezug auf die gewünschte Zukunft jeder Schule einzigartig. Sie hängen eng mit dem gegenwärtigen Leistungsniveau und der bereits existierenden guten Arbeit zusammen. In dem Maß, wie die Handlungen hinsichtlich der Verbesserung inhaltlich divergieren und sich vermehren, wird es zunehmend schwieriger festzustellen, welche weiteren Maßnahmen für die professionelle Entwicklung am hilfreichsten wären und so können eigentlich keine allgemeingültigen Empfehlungen abgegeben werden. Es wäre ja auch möglich, dass man ein Paket von Maßnahmen vorschlägt, die unbeabsichtigt die ohnehin schon überlegenen Vorgehensweisen, die an der Schule vorherrschen, ersetzen und die Situation sich daher eher verschlechtert als verbessert.

Im Folgenden haben wir zwei Themenfelder weiter ausgeführt, die von Leitungsteams oder anderen Mitgliedern des Kollegiums regelmäßig als signifikante Prioritäten hinsichtlich einer freundlichen und unterstützenden Schule genannt werden: Das Vorbild der Erwachsenen und die Förderung von Resilienz und Selbstachtung.

Erwachsene als Vorbilder:
Weiterentwicklung von Mitarbeitern und Mitarbeiterinnen

Das einzige Merkmal, das gewöhnlich von Lehrern und Lehrerinnen an den Schulen, an denen ein starkes unterstützendes Klima zwischen den Schülern oder Schülerinnen existiert, genannt wird, sind die Erwachsenen, die als gute Vorbilder auftreten. Das Verhalten der Erwachsenen ist ein wirkungsvolles Bei-

Erwachsene treten als gute Vorbilder auf.

spiel in der Schule, welches von den Schülern und Schülerinnen unbewusst imitiert wird. Die meisten Mitarbeiter und Mitarbeiterinnen an Schulen sind sich ihres Einflusses bewusst und nehmen ihre Verantwortung, so zu handeln, dass es mit den Zielen und Werten, die die Schule fördern möchte, im Einklang ist, bewusst wahr.

Mobbing wird allgemein als ein Mittel verstanden, das den Mobbern zur Erreichung oder Beibehaltung von Macht oder Status dienen soll. Es überrascht uns daher nicht, dass wir versucht sind, auf einschüchternde Art und Weise zu reagieren, wenn unsere Macht oder Status in verschiedenen Rollen als Erwachsener bedroht wird. Früher war mobbingähnliches Verhalten von Lehrern und Lehrerinnen gegenüber Schülern und Schülerinnen üblich. Körperliche Bestrafung, Demütigung, Anschreien und Drohungen wurden akzeptiert und sogar als empfehlenswerte Strategien zur Erreichung von Disziplin erachtet. Die Ablehnung von mobbingähnlichem Verhalten als eine legitimierte Strategie für Lehrer und Lehrerinnen und für Mitarbeiter und Mitarbeiterinnen an Schulen hat dazu geführt, dass heutzutage Mitarbeiter und Mitarbeiterinnen an Schulen aktiv versuchen, mobbingähnliches Verhalten ihrerseits in den Griff zu bekommen und zu verringern. Zum Beispiel wird versucht, bei Provokationen durch Selbstkontrolle ruhig zu bleiben und eine respektvolle und verständnisvolle Haltung gegenüber anderen zu entwickeln. Obwohl die meisten von uns zugeben, dass sie unter Druck etwas hinter dem perfekten Zustand zurückbleiben, sind die meisten Mitarbeiter und Mitarbeiterinnen an Schulen inzwischen der Meinung, dass Selbstkontrolle und ruhiges Verhalten die besten Reaktionen sind.

Wenn es darum geht, sich in der eigenen Professionalität weiterzuentwickeln, ist es für Mitarbeiter und Mitarbeiterinnen von Schulen effektiver, wenn Sie die eigenen Weiterentwicklungspotentiale äußern können, als sie, wenn auch noch so feinfühlig, dahin zu drängen, sich dahin zu entwickeln, wie sie sein sollen. Am besten fördert man Mitarbeiter und Mitarbeiterinnen an Schulen, wenn man darauf fokussiert, was sie tun, wenn sie ihre beste Arbeit leisten und dies detailliert beschreiben lässt. Dann passiert automatisch mehr davon. Wenn eine Schule am Vorbild arbeiten möchte, das Mitarbeiter und Mitarbeiterinnen den Schülern und Schülerinnen abgeben, oder wenn eine Schule das Vorbild, das den Schülerinnen und Schülern gegeben wird verstärken und feiern möchte, kann sie die folgende Struktur für Coachinggespräche nutzen. Diese Beispiele können in einer Sitzung eingesetzt werden, in der die Lehrer und Lehrerinnen zu zweit arbeiten:

- Wie bemerken Sie, dass Sie im Unterricht in Bestform sind?
- Was machen Sie genau?
- Wie hilft das den Schülern und Schülerinnen?
- Welchen Unterschied macht das für Sie?
- Woran bemerkt der Kollege oder die Kollegin, der Ihnen am nächsten steht, dass Sie gerade in Bestform sind?

oder

- Was würden Sie am liebsten hören, wenn sie zufällig mitbekämen, dass ein Schüler oder eine Schülerin über Sie spricht?
- Welchen Aspekt Ihres Verhältnisses zu den Schülern und Schülerinnen würden Sie gerne in einer Beurteilung Ihres direkten Vorgesetzten oder Ihrer direkten Vorgesetzten über Sie lesen? (oder im Entwicklungsgespräch hören)

Was würden Sie am liebsten hören, wenn sie zufällig mitbekämen, dass ein Schüler oder eine Schülerin über Sie spricht?

Forscht man nach besonderen Anlässen, bei denen sich Menschen unter Druck in Bestform zeigen, fördert dies mehr Einzelheiten über die erfolgreichen Methoden zutage:

- Erinnern Sie sich an eine schwierige Situation mit einem Schüler oder einer Schülerin, die Sie kürzlich so bewältigt haben, dass Sie ein gutes Arbeitsverhältnis bewahren konnten?
- Was genau haben Sie gut gemacht?
- Was hat der Schüler oder die Schülerin bemerkt? Wie sind Sie mit der Schwierigkeit umgegangen?
- Was haben die anderen Schüler und Schülerinnen bemerkt?

Die Stärken des Befragten werden durch weitere Fragen hervorgehoben, zum Beispiel:

● Was haben Sie an sich selbst bemerkt, dass Sie am meisten gefreut hat?

● Was hat Sie darauf gebracht, diese schwierige Situation so handzuhaben?

Oder man gibt aufrichtige Komplimente:

● Ich habe bemerkt, wie gut Sie ... gehandhabt haben.

● Ich bin beeindruckt, wie Sie die schwierige Situation durch ... gehandhabt haben.

Mehr von dem fördern, was funktioniert:

● Wenn es einen Aspekt in Ihrem Verhältnis zu den Schülern und Schülerinnen gibt, den Sie sogar verbessern möchten, welcher ist das?

● Welchen Unterschied macht es für Sie, wenn das dann eintrifft?

● Wer merkt das noch als Erster?

● Was bemerken die Schüler und Schülerinnen an Ihnen?

● Welchen Unterschied bemerkt der Kollege oder die Kollegin, die Ihnen am nächsten steht?

● Welchen Vorteil bringt dies für Sie?

Lösungsfokussierte Gespräche wie diese sind für die Bestätigung guter Arbeit sehr wirkungsvoll. Sie befähigen Lehrer, Lehrerinnen und andere Mitglieder der Schulgemeinschaft dazu, die Vorbilder zu werden, die sie für die Schüler und Schülerinnen sein möchten, indem sie die Fähigkeiten und Stärken, die sie bereits in ihrem Verhältnis zu den Schülern und Schülerinnen nutzen, verstärken und erweitern.

Beispiel 4:   *Coaching eines einzelnen Lehrers*

Dieselben lösungsfokussierten Strategien werden genutzt, wenn ein Mitglied des Lehrerkollegiums ein Problem hat. Hier muss der Inter-

viewer oder die Interviewerin noch sorgfältiger zuhören, um Beispiele zu identifizieren, in denen die Schwierigkeiten weniger störend erschienen. In diesem Fall ist besonders die Skalierung nützlich.

Ein Lehrer wurde vom Schulleiter an mich verwiesen, weil er Schwierigkeiten mit dem Verhalten der Schüler und Schülerinnen im Klassenzimmer hatte. In der ersten Sitzung gab er zu, darüber geschockt zu sein, wie die Schüler und Schülerinnen mit ihm sprachen. Er hatte eine Schule besucht, wo es sich die Schüler und Schülerinnen niemals gewagt hätten, so zu antworten, wie sie es an dieser Schule taten. Das machte ihn sehr wütend und er vermutete, dass dies keine Hilfe sei, da sein Geschrei bislang nichts gebracht hatte.

Ich fragte ihn, was anders wäre, wenn die Schüler und Schülerinnen nur ein kleines bisschen respektvoller wären. Er sagte, dass er sich am Abend nicht so schlecht fühlen würde und es ihn nicht so sehr grausen würde, am nächsten Tag wieder zur Schule zu gehen. Auf einer Skala von Eins bis Zehn, wobei Eins das Schlimmste, was passieren könnte und er hätte entschieden, nicht mehr zur Schule zu gehen, bedeutet, und Zehn bedeutet, dass er sich am Abend gut fühlt, wo stünde er im Moment? Er antwortete er sei ungefähr auf einer Vier. Ich fragte weiter, was ihn auf eine Vier und nicht auf eine Drei oder noch niedriger brachte. Er antwortete, dass einige seiner Unterrichtsstunden »nicht so schlecht« gewesen waren. Die Konversation fokussierte sich anschließend auf diese Unterrichtsstunden. Er stellte fest, dass sich die Klasse im Allgemeinen besser benahm, wenn die Schüler ohne allzu viele Störungen zuhörten, solange er zu Beginn erklärte, was sie zu tun hatten. Er beschrieb detailliert eine Unterrichtsstunde, die »ganz ordentlich« gewesen war. Er erzählte, dass er, während er zu der Klasse sprach, auf einem Stuhl gesessen hatte, was nicht so oft vorkam. Ich fragte ihn, was es für ihn für einen Unterschied macht, wenn er beim Sprechen sitzt. Er sagte, er wäre entspannter und die Schüler und Schülerinnen schienen aufmerksamer zu sein. »Es war ziemlich gut, tatsächlich hatte ich das Gefühl, ich hätte etwas bewirkt.« Die Schüler und Schülerinnen waren ruhiger und sprachen vernünftiger.

*Ich fragte immer weiter nach Einzelheiten, wie ihm das Sitzen gehol-
fen hatte – seine Körperhaltung, der Ton seiner Stimme, wie er auf
die Kommentare der Schüler und Schülerinnen geantwortet hatte und
was genau die Schüler und Schülerinnen gemacht hatten, das ihm das
Gefühl gegeben hatte, bei ihnen »irgendetwas bewirkt« zu haben. In
einer anderen erfolgreichen Unterrichtsstunde hatte er sichergestellt,
dass sämtliche Arbeitsmaterialien, die er benötigte, bereits im Klassenraum vorhanden waren – das war kein leichtes Unterfangen, aber
ein Assistent hatte ihm dafür seine Hilfe angeboten.*

*Nach der Diskussion darüber, was während dieser etwas besseren
Unterrichtsstunden an ihm anders ist und an was von diesen Unterrichtsstunden er sich noch erinnern kann, fragte ich ihn, was anders
ist, wenn er auf der Skala auf einer Sechs ist. Er sagte, er würde sich
am Abend vergewissern, dass er wüsste, was er am nächsten Tag im
Unterricht macht. Im Moment war er so besorgt, dass er es vermied,
darüber nachzudenken. Das verstärkte vermutlich seine Anspannung
und Aufregung vor der Arbeit. In der Vergangenheit hatte er seine
Unterrichtsstunden am Abend noch einmal angeschaut, hatte aber
mittlerweile festgestellt, dass es die Sache nicht wert war.*

*Ich lobte den Lehrer für seine Offenheit und Entschlossenheit, es trotz
der Schwierigkeiten weiter zu versuchen. Ich machte ihm den Vorschlag, dass er nach einem Ereignis suchen sollte, das in seiner Klasse
eine Sechs oder mehr ist. Wir würden in der nächsten Sitzung noch
mal durchdenken, was er an diesem Ereignis bemerkt hatte.*

*In der nächsten Sitzung schien er optimistischer. Er erzählte, dass
es einen entsetzlichen Tag gegeben hatte, aber dass es andererseits
eine ziemlich gute Woche gewesen war. Auf der Skala stellte er sich
selbst auf eine Sieben. Auf die Frage, was jetzt anders sei, antwortete
er, dass er sich entschieden hatte, mehr vor der Klasse zu bleiben.
Wenn ein Schüler oder eine Schülerin Hilfe benötigte, forderte er ihn
auf, zu ihm zu kommen, sodass er weiter ein Auge auf den Rest der
Klasse haben konnte. Als Ergebnis fühlte er sich eindeutig angenehmer. Nach einer weiteren Sitzung sagte er, dass er begonnen hatte,*

sich »ein bisschen mehr zu organisieren«. Er konnte sich jetzt abends mit Freunden treffen. Auf der Skala war er auf einer Acht. Obwohl das Unterrichten »bestimmt nicht einfach« war, grauste es ihm nicht mehr davor, zur Schule zu kommen. Er schaffte es, mit einigen anderen jungen Lehrerkollegen, die auch einige der Kinder schwierig fanden, Witze zu machen.

Der Lehrer hatte anfangs erwartet, dass ich eine seiner schlimmsten Unterrichtsstunden beobachten wollte. Er gab zu, dass er besorgt gewesen war, was ich sagen oder dem Direktor hätte berichten können. Es ist gängige Praxis, um Unterstützung für das Verhalten zu geben, dass man eine Unterrichtsstunde beobachtet, um Schwächen zu identifizieren und Ratschläge anzubieten. In der Vergangenheit habe ich das selbst auch so gemacht. Wenn ich heute eine Klasse beobachte, finde ich es hilfreicher zu identifizieren, was der Lehrer oder die Lehrerin gut macht und ihn zu ermutigen, mehr von dem, was offensichtlich richtig ist, zu tun.

Förderung von Selbstvertrauen und Resilienz

Nach Ansicht von vielen Lehrern und Lehrerinnen ist die Förderung des Selbstbewusstseins der Schüler und Schülerinnen ein weiterer Faktor für die Entwicklung eines Klimas, in dem jeder wertgeschätzt wird. Daniel Goleman vertritt in seinem einflussreichen Buch »Emotional Intelligence« (1996) die Meinung, dass Schulen eine große Rolle in der Förderung psychischer Gesundheit spielen. Schätzungsweise ca. 2 % der Grundschüler und ca. 5 % der Schüler weiterführender Schulen leiden unter Depressionen (UK Office for National Statistics, 2004). Die soziale Unterstützung von Eltern, Gleichaltrigen und Mitarbeitern und Mitarbeiterinnen von Schulen ist ein wichtiger Faktor dafür, Kinder vor psychologischer Belastung zu bewahren. Die meisten Kinder sind widerstandsfähig beziehungsweise resilient genug, die emotionalen Höhen und Tiefen des

> *Schätzungsweise ca. 2 % der Grundschüler und ca. 5 % der Schüler weiterführender Schulen leiden unter Depressionen (UK Office for National Statistics, 2004).*

Lebens zu meistern, selbst bei zeitweiligem Unglücklichsein oder Ängsten zu Hause oder in der Schule (siehe Craig, 2009). Schulen haben die Wichtigkeit sozialer Unterstützung und Resilienz erkannt und finden daher Wege, gesundes Selbstvertrauen zu fördern. Sie feiern die Erfolge der Schüler und Schülerinnen und regen die Schüler und Schülerinnen an, Verantwortung für sich und andere zu übernehmen. Lehrer und Lehrerinnen fordern die Schüler und Schülerinnen auf, an Entscheidungen, die sie betreffen, teilzunehmen. Vorschulkinder treffen eine einfache Wahl aus einem Angebot an Aktivitäten, ältere Schüler können als Repräsentanten des Schulbeirats gewählt werden und in Großbritannien sogar bei Einstellungsgesprächen für neue Lehrer oder Lehrerinnen teilnehmen.

Häufig machen sich Lehrer und Lehrerinnen Sorgen über Schüler und Schülerinnen, die wenig Selbstvertrauen zeigen, und mangelndes Selbstvertrauen wird oft mit Gemobbtwerden oder Anfälligkeit für Mobbing gleichgesetzt. Es ist hilfreich zu überlegen, wie Mitarbeiter und Mitarbeiterinnen von Schulen positives Selbstvertrauen der Schüler und Schülerinnen definieren und wie sie es erkennen. Dann kann überlegt werden, wie dieses Verhalten bei allen Schülern und Schülerinnen begünstigt werden kann, da ja dieselben Strategien bei allen Kindern angewendet werden können. Die folgenden Aktivitäten sind für Trainings mit dem Thema »Selbstvertrauen und Resilienz« für Mitarbeiter und Mitarbeiterinnen in Schulen geeignet. Sie können in Kleingruppen oder zu Zweit durchgeführt werden und dann im Plenum nachbesprochen werden (siehe auch Rhodes & Ajmal, 1995). Die Mitarbeiter und Mitarbeiterinnen der Schule können hier ihr Wissen über Schülerverhalten, das Anzeichen hohen Selbstbewusstseins zeigt, nutzen, um die Kennzeichen zu identifizieren, von denen sie hoffen, mehr davon in der Zukunft zu sehen:

- Woran merken wir, dass Schüler oder Schülerinnen positives Selbstvertrauen haben?
- Woran merken wir, dass ein Kind resilient ist?
- Wie sehen wir das in ihrer Arbeit?
- Wie sehen wir das in der Art, wie sie sich untereinander verhalten?

- Wie sehen wir das in der Art, wie sie sich gegenüber Mitarbeitern und Mitarbeiterinnen der Schule verhalten?
- Wie wirkt sich hohes Selbstvertrauen und Resilienz auf ihre Leistungen in der Klasse aus?

Die Lehrer und Lehrerinnen können sich im Anschluss die verschiedenen Methoden, durch die sie bereits Selbstvertrauen und Resilienz fördern, bewusster machen:

- Auf welche Art und Weise fördern wir aktiv Resilienz und Selbstvertrauen?
- Welche Aktivitäten innerhalb der Klasse fördern ein hilfreiches Selbstbewusstsein?
- Welche Aktivitäten außerhalb des Klassenzimmers?
- Was unternehmen wir, damit dies geschieht?
- Wie unterstützen wir verletzliche Schüler und Schülerinnen in der Schule?

Wurden dieses Wissen und diese Fähigkeiten erst einmal erkannt, ist es einfacher, signifikante Anzeichen des Fortschritts zu identifizieren:

- Woran merken wir, wenn wir bei der Förderung des Selbstvertrauens der Schüler und Schülerinnen besser geworden sind?
- Was wird für verletzliche Schüler und Schülerinnen an der Schule anders sein?
- Was macht die Mitarbeiter und Mitarbeiterinnen der Schule anders?
- Bemerken die Eltern einen Unterschied?
- Was bemerken sie?

Die Antworten auf diese Fragen bieten möglicherweise wichtige Hinweise für den Aufbau von Selbstvertrauen. Die Förderung von Resilienz ist ein Aspekt des Anti-Mobbings, wenn Schulen und Schüler bereits schon ein wenig Erfolg haben. Rigby (1996) stellte fest, dass es für die Mehrheit der Kinder, die Opfer von »Mobbing« gewesen sind, lediglich eine »vorübergehende Erfahrung« war. Weiterhin berichteten weniger als ein Drittel der mindestens einmal pro Woche gemobbten Befragten auf die Frage, wie sie sich gefühlt hatten, dass sie sich »nicht wirklich geärgert« hatten. Lösungsfokussierte Fragen begeben sich genau auf die Spur und versuchen herauszufinden, wie Lehrer und Lehrerinnen diese Resilienz fördern können.

Werkzeug 3: Training für Selbstvertrauen

In einem Training für Lehrer und Lehrerinnen einer Grundschule arbeiteten die Teilnehmer und Teilnehmerinnen in Kleingruppen von vier oder fünf Personen. Jede Gruppe konzentrierte sich auf einen anderen Aspekt der sozialen Entwicklung von Kindern. Eine der Gruppen hatte sich das Thema »Selbstvertrauen erhöhen« ausgesucht. Innerhalb von fünf Minuten hatten sie die folgende Liste von Beispielen ihrer existierenden Praxis erstellt:

- *Belohnungssysteme*
- *Zertifikate in Versammlungen*
- *Aufgaben dem Lernstand des Schülers oder der Schülerin entsprechend verteilen*
- *Lob*
- *Lernpartnerschaften*
- *Schülervertretung*
- *Aktivitäten außerhalb des Lehrplans*
- *Arbeitsgemeinschaften*
- *Willkommenheißen neuer Schüler und Schülerinnen in der Klasse*
- *Besucher betreuen*
- *Geschichten*
- *Vorbildfunktion der Lehrer und Lehrerinnen*
- *Versammlungen*
- *Pausenspiele*
- *Gruppenarbeiten*
- *Ressourcen teilen*
- *Ausstellung von Arbeiten*

- *Fotografien*

- *realistische Ziele*

- *Selbsteinschätzung von Arbeiten*

Wenn Lehrer und Lehrerinnen an Trainings teilnehmen, die die Aufmerksamkeit auf das richten, was sie bereits schon alles tun, sind sie häufig über den Umfang der verschiedenen Aktivitäten überrascht. Diese Übungen sind ein Mittel, Ideen miteinander zu teilen und dienen als Erinnerung daran, was sie schon alles über funktionierende Möglichkeiten wissen.

Zusammenfassung

Anstatt den Umweg über die Problemlösung zu nehmen, erreicht die Schule ein verringertes Auftreten von Mobbing durch die Planung einer freundlichen, sicheren und unterstützenden Umgebung.

Es wurden Beispiele gezeigt, wie Gruppenaktivitäten in Trainings- oder individuellen Gesprächen dazu dienen, den Lehrern und Lehrerinnen das bewusst zu machen, was sie bereits tun und wie sie lösungsfokussierte Techniken für die Planung weiterer Handlungsfelder nutzen können.

Lösungsfokussierte Schulen bieten den wichtigsten und wirkungsvollsten Schutz gegen Mobbing dadurch, dass gegenwärtige, gute Arbeit geschätzt wird. Die Mitarbeiter und Mitarbeiterinnen von Schulen nutzen ihre Fähigkeiten, um Fortschritte in die Richtung ihrer Vision – wie sie sich ihre Schule wünschen – zu machen. Sie erreichen das, indem sie sich selbst und anderen Fragen stellen, die ihnen das Selbstvertrauen geben, mehr von dem zu tun, was funktioniert. Auf diese Art leisten die Mitglieder der Schulgemeinschaft nicht nur einen Beitrag zur Umsetzung der Vision der Schule, sondern können auch für die Rolle, die sie darin spielen, anerkannt werden.

Die Schule erreicht ein verringertes Auftreten von Mobbing durch die Planung einer freundlichen, sicheren und unterstützenden Umgebung, statt den Umweg über die Problemlösung zu nehmen.

Kapitel Drei: Anti-Mobbing im Unterricht

Einleitung

Das vorherige Kapitel beschrieb, wie lösungsfokussierte professionelle Entwicklung existierende gute Arbeit verstärkt und nützliche Vorschläge für eine ganze Schule entwickeln kann. Zwangsläufig beinhaltete es auch einige relevante Gedanken zur Förderung eines Anti-Mobbing-Klimas im Klassenzimmer, zum Beispiel hatten Lehrer und Lehrerinnen gute soziale Fähigkeiten und hatten das Selbstbewusstsein der Schüler und Schülerinnen schon gefördert. Es waren Lehrmethoden ausgewählt worden, die gegenseitige Kooperation und Unterstützung fördern und die implizit einen Beitrag zu Anti-Mobbing in allen Bereichen des Lehrplans leisten. Lösungsfokussierte Unterhaltungen im Unterricht reduzieren Mobbing, indem sie die Aufmerksamkeit auf das, was anders sein wird, wenn die Schüler und Schülerinnen ein besseres Verhältnis zueinander haben, umlenken. Dieses Kapitel beinhaltet Beispiele solcher Gespräche und beschreibt auch neuere Vorgehensweisen im Coaching von Schulklassen zur Verbesserung von persönlichen Fähigkeiten und der Unterstützung des Lernklimas.

Unterrichtsklima

Schulen wissen, dass man mit Initiativen, die Zeit kosten, die von der Lernzeit der Schüler und Schülerinnen abgeht, vorsichtig sein muss und sie auf ihre Effizienz und Sinnhaftigkeit hin überprüfen muss. Aus diesem Grund sollte die Förderung eines sozialen und unterstützenden Klimas, wo auch immer möglich, in das tagtägliche Lehren und Lernen in der Klasse eingebunden werden.

Existierende Programme für Gesundheit, persönliche und soziale Erziehung und Sozial- und Gesellschaftskunde beinhalten häufig Lehreinheiten für Kinder zum Thema Mobbing. Viele Anti-Mobbing-Projekte empfehlen Geschichten oder Theaterstücke über Mobbing. Jedoch führte Pepler (Harachi u. a., 1999) eine Studie in Kanada durch, die zeigte, dass Kinder bereits generell das Konzept von Mobbing, entsprechend ihres Alters, verstehen, ohne dass es unbedingt explizit gelehrt werden muss. Projektbewertungen haben gezeigt, dass Gespräche über Mobbing dieses nicht zwingenderweise reduzieren, sondern es unter bestimmten Umständen sogar ansteigen lassen. Es ist besser, dass sich die Geschichten nicht speziell auf Mobbing in Schulen konzentrieren, um Aufmerksamkeit darauf und unerwünschtes Verhalten zu vermeiden. Traditionell strotzen Erzählungen von Kindern vor Freunden und Feinden, Tyrannen und Opfern; dies aber in einem imaginären Kontext. In meinem eigenen Projekt, »Freundschaften durch Geschichten fördern«, stellten wir fest, dass die Schüler und Schülerinnen genug über Mobbing wussten, sodass jegliche Unterweisung überflüssig war. Wir konzentrierten uns auf Spiele zum Teambuilding, Gruppen- und Partnerarbeit, Stuhlkreisdiskussionen über Freundschaften und gegenseitige Unterstützung, durchweg durch Kurzgeschichten verdeutlicht. Lehrer und Lehrerinnen haben seit jeher Geschichten, Theaterstücke und Filme genutzt, um indirekt ohne offensichtliches Moralisieren, das zu Widerstand führen könnte, den Schülern und Schülerinnen zu helfen, sich vorzustellen, wie sie gerne innerhalb und außerhalb der Schule sein würden.

In Norwegen gründeten Galloway und Roland (2004), durch die mangelnde Leistung und Nachhaltigkeit traditioneller »Mobbing-fokussierter« Interventionen beunruhigt, ihr Anti-Mobbing-Programm auf der Verbesserung der Lehr- und Lernqualität. Sie behaupteten, dass Anti-Mobbing-Initiativen, die Lehrer und Lehrerinnen eher in ihrer Kernarbeit in der Klasse unterstützen sollten, anstatt das Mobbing besonders hervorzuheben. Das SAVE Anti-Mobbing-Projekt in Spanien machte »convivencia« zu ihrem Hauptansatz. Sie definierten das Konzept von »convivencia« als »eine Stimmung aus Solidarität, Brüderlichkeit, Kooperation, Harmonie, ein Wunsch nach gegenseitigem Verständnis, nach gutem Umgang untereinander und der Lösung

Untersuchungen haben gezeigt, dass Gespräche über Mobbing dieses nicht zwingenderweise reduzieren, sondern es unter bestimmten Umständen sogar ansteigen lassen.

von Konflikten mittels Dialog und gewaltfreien Mitteln«. Durch die Förderung von »convivencia« und die Verbesserung zwischenmenschlicher Beziehungen in der Klasse erreichten die Lehrer und Lehrerinnen auch erhebliche Verringerungen von Mobbing (Ortega, Del Ray & Mora-Merchan, 2004, S. 169).

Wenn man zu positiven Beziehungen in einer Klasse beitragen möchte, sind die Methoden, die verwendet wurden, um den Lehrplan zu erfüllen, wohl wirkungsvoller als der Inhalt. Zum Beispiel ist jede echte gemeinschaftliche Gruppenarbeit – nicht die, in denen Schüler in Gruppen zusammensitzen und für sich alleine arbeiten – eine Anti-Mobbing-Aktivität, da sie eine Lernsituation bietet, die gegenseitige Unterstützung verstärkt und dazu anregt. Wenn man es dem Zufall überlässt, neigen Schüler und Schülerinnen dazu, hauptsächlich mit relativ wenigen anderen Kindern, meist mit Kindern desselben Geschlechts, zu interagieren. Sie gehen ein Jahr oder länger zur Schule, haben stets mit demselben kleinen Kreis Kontakt, sprechen kaum mit anderen in der Klasse, wenn es nicht bewusste Anstrengungen gibt, sie zur Zusammenarbeit zu ermutigen und eine Gruppen-Identität gegenseitiger Unterstützung zu entwickeln. Wenn man die Schüler und Schülerinnen in Unterrichtsaktivitäten oder Arbeiten einbindet, die Kooperation erfordern, entwickeln sie unabhängig vom Thema soziale Fähigkeiten wie aktives Zuhören und Respekt vor anderen Meinungen.

Immer mehr Lehrer und Lehrerinnen unterstützen positive soziale Interaktionen während der normalen Arbeitsroutinen der Schüler und Schülerinnen in der Klasse. Dies wird zunehmend als eine effektive Strategie zur Verbesserung der Lernatmosphäre angesehen. Erfolgreiches Lehren und Lernen verringert Mobbing ohne ihm notwendigerweise explizit Aufmerksamkeit zu schenken.

Werkzeug 4: Geheime Freunde

>*»Geheime Freunde« ist eine Übung für eine ganze Klasse, die ich von Mitarbeitern und Mitarbeiterinnen einer exzellenten Grundschule in Stockholm gelernt habe. Jeder Schüler und jede Schülerin zog den Namen eines Mitschülers oder einer Mitschülerin (wie beim »Wich-*

*teln«), der oder die in der nächsten Woche sein »geheimer Freund«
oder seine »geheime Freundin« sein sollte. Während des Stuhlkreises
am Ende der Woche überlegten und spekulierten die Kinder, wer ihr
geheimer Freund gewesen war und berichteten, was sie zu dieser Vermutung gebracht hatte.*

*Es ist eine wundervolle Idee. So lernen die Kinder implizit, welche
Gefälligkeiten Freunde füreinander tun und wie dieses Verhalten absichtlich und nicht nur zufällig gezeigt werden kann. Es gibt unzäh-
lige Abwandlungen, zum Beispiel könnten sich jede Woche mehrere Kinder auf einen Klassenkameraden fokussieren. Dies bietet die
Möglichkeit flexibler und unaufdringlicher Unterstützung als Teil der
laufenden Entwicklung der sozialen Fähigkeiten in der Klasse. Es entwickelt dasselbe Klima wie ihn die »Support Group« später in Kapitel
Fünf beschreibt.*

*(Mein Dank gilt der Beratungslehrerin Martina Sundelin und Maria
Mitra Ekstrom, Schulleiterin der Lundskolan, Stockholm)*

Lösungsfokussierte Anti-Mobbing-Diskussionen im Unterricht

Wenn das Ziel einer Diskussion die Reduzierung von Mobbing ist, helfen lösungsfokussierte Konversationen, indem sie die Aufmerksamkeit vom Mobbing auf das, was stattdessen gewünscht wird, hinlenken. So konzentrieren
sich die Beteiligten auf die Verstärkung guten Sozialverhaltens.

Die Fragen des Lehrers oder der Lehrerin an die Klasse über die gewünschte Zukunft fordern die Kinder auf, zu beschreiben, wie die Beziehungen in
der Klasse oder in den Gruppen sein sollen:

- Stell dir vor, jeder in der Klasse hat eine tolle Woche ...

- Wie verhalten sich die Schüler und Schülerinnen untereinander?

- Was ist dann anders?

- Wie verhalten sich die Schüler und Schülerinnen untereinander, wenn die Klasse in Bestform ist?
- Wie bekommt ihr das hin?
- Wie hilft dir das beim Lernen?

- Woher merkst du es, wenn die Klasse nun so nett ist, wie du es dir immer gewünscht hast?
- Was bemerkst du, passiert jetzt mehr?
- Was bemerkst du als Erstes?
- Was zeigt den anderen Lehrern und Lehrerinnen, dass dies eine glückliche Klasse, in der sich alle gegenseitig unterstützen, ist?
- Was zeigt deinen Eltern / Betreuern und Betreuerinnen, dass du in der Schule glücklich bist?

Wenn Schüler und Schülerinnen ihre gewünschte Zukunft durch Formulierungen dessen, was nicht passieren soll, beschreiben, sollte ihr Standpunkt bestätigt werden, bevor man weiter fragt, was sie sich stattdessen wünschen. Sagt ein Schüler zum Beispiel:

- Keiner beschimpft mehr den anderen.

Kann man effektiv antworten:

- Ja, gut, das ist richtig! Also, was wird stattdessen passieren, wenn keiner mehr den anderen beschimpft? Wie sprecht ihr dann miteinander?
- Wie hilft dir das?
- Wie hilft das der Klasse?

Sich nach der erfolgreichen Vergangenheit zu erkundigen, würdigt, was die Schüler und Schülerinnen bereits tun, und erinnert sie an ihr positives Verhalten untereinander.

- Wie zeigt sich deine Freundlichkeit und Unterstützung im Moment in der Klasse?

- Was tust du genau, um anderen zu helfen?

- Überlege dir in einer Teamarbeit zehn verschiedene Möglichkeiten, wie sich Klassenkameraden gegenseitig unterstützen können.

Beispiel 5: *Eine Diskussion im Stuhlkreis*

Während der Diskussion darüber, wie sich die Schüler und Schülerinnen ihre Klasse wünschten, forderte ich sie auf, in der nächsten Zeit zu beobachten, was einzelne Klassenkameraden oder Klassenkameradinnen tun, das zu einer freundlichen Atmosphäre in der Klasse beiträgt. In der nächsten Woche würden wir dann darüber sprechen. Die Diskussion in der folgenden Woche nahm eine überraschende Wendung. Ein Schüler, Peter, sagte, dass David geholfen hatte. David setzte sich sofort auf und hörte zu. Seine Nominierung war für uns alle überraschend, da David zu diesem Zeitpunkt wegen seiner besonderen Aggressivität besondere Unterstützung vom Klassenassistenten bekam. Peter wurde gefragt, was er genau beobachtet hatte und er erzählte:»David hat mich diese Woche nicht schikaniert.« Er beschrieb weiter, wie freundlich sich David verhalten hatte, als sie sich Arbeitsmaterialen geteilt hatten. Wie immer, wenn jemand einen Diskussionsbeitrag leistet, wurde Peter für dieses Beispiel gelobt. David wurde dafür gelobt, dass er so freundlich war. Die Diskussion wendete sich dann einem anderen Thema zu.

Dies zeigte mir, dass jeder in der Klasse, sogar diejenigen, von denen man es als letztes erwartet hatte, Aufmerksamkeit für ihr besseres Verhalten bekommen können, wenn sie eine Chance wie diese haben. Ungefähr drei Wochen später, als Davids Erziehungsplan noch mal durchgesprochen wurde, bemerkte ein anderer Lehrer, dass David weiter Fortschritte machte. Er gab ein Beispiel, wie behutsam David handelte, wenn er Peter in der Gruppe half. Es war naheliegend, dass Peter durch die Beschreibung seines Verhaltens David ermutigt hatte, dies beizubehalten.

Nützlich sind spezifische Beispiele von Schülern und Schülerinnen, die geholfen haben oder von Schülern und Schülerinnen, denen geholfen wurde, als sie Unterstützung benötigten:

Denk an ein Ereignis in der jüngeren Vergangenheit, als du über irgendetwas unglücklich warst und dir jemand aus der Klasse geholfen hat ...

- Was genau hat er getan?
- Wie hat dir das geholfen?
- Wie hilfst du jemandem, der traurig ist?
- Was machst du?
- Wie weißt du, dass es funktioniert?

Lösungsfokussierte Gesprächsführung vermeidet es, auf unangenehme Gefühle wie Ärger, Eifersucht, Angst und Traurigkeit zu fokussieren.

Die Schüler und Schülerinnen können sich auch an die Gelegenheiten erinnern, wo sie sich entschuldigt haben, oder wieder vertragen haben:

- Wenn jemand merkt, dass er oder sie unfreundlich war, wie können sie es schaffen, dass danach alles wieder gut wird?

Lösungsfokussierte Gesprächsführung vermeidet es, auf unangenehme Gefühle wie Ärger, Eifersucht, Angst und Traurigkeit zu fokussieren. Im Gegenteil, sie »normalisiert« unangenehme Gefühle und bekräftigt die Fähigkeiten der Kinder, diese durch Annehmen zu überwinden:

- Jeder ist schon mal ärgerlich ...
- Wenn du dich geärgert hast, wie hast du es geschafft, dich wieder zu beruhigen?
- Wie hat das geholfen?
- Was ist als Ergebnis geschehen?
- Wie gehst du damit um, wenn jemand unfreundlich ist?
- Wie helfen andere?

Durch ihre eigenen Erfahrungen in der Vergangenheit und die anderer Kinder informieren sich Schüler und Schülerinnen über mögliche Alternativen im Umgang mit zukünftigen schwierigen Situationen. Der einzelne Schüler und die einzelne Schülerin oder die Klasse als Ganzes können für die Handlungsalternativen, die sie in den Diskussionen nennen, direkt gelobt werden. Der Lehrer oder die Lehrerin kann auch anderes positives Verhalten, dass er oder sie in der Schule bemerkt hat, erwähnen und die Gruppe dafür loben. Jede Wertschätzung ermutig die Schüler und Schülerinnen, die genannten Stärken noch mehr in der Zukunft zu nutzen.

- Ich bin beeindruckt, wie du ...
- Diese Klasse ist besonders gut in ...
- In dieser Stunde bin ich sehr erfreut zu sehen, wie alle ... die meisten ...
- Ich war stolz, wie ihr ...

Richtet man die Aufmerksamkeit auf die erfolgreiche Vergangenheit der Schüler und Schülerinnen und schätzt ihre Stärken, verstärkt dies ihr Verhalten und man bekommt tendenziell mehr davon. Die folgenden Fragen helfen den Schülern und Schülerinnen, sich näher auf bestimmte Aspekte, auf die der Lehrer oder die Lehrerin für die weitere Entwicklung abzielt, zu fokussieren:

- Überlege dir eine Sache, die du diese Woche tun möchtest, damit die Klasse noch mehr zu der Klasse wird, die du dir wünschst.
- Was bemerke ich dann an dir?
- Wer sonst bemerkt noch etwas?
- Was bemerken sie?

Gespräche wie diese können absichtlich geplant werden. Sie können aber auch einfach als Teil einer normalen Stunde, wenn es angemessen erscheint, genutzt werden. Keine der Fragen sollen zu einer ausgedehnten Diskussion (und sicherlich nicht zu einer Diskussion über Mobbing) führen. Ich erinnere mich an die Beobachtung einer Unterrichtsstunde, die der Referendar mit den folgenden warnenden Worten an die Klasse begann:

Diese Stunde möchte ich nicht, dass ihr dazwischenruft, wenn ich spreche. Ich möchte nicht, dass ihr Stifte umherwerft oder mit den Linealen schnalzt. Ich möchte nicht, dass ihr euch schubst oder tretet oder im Klassenzimmer herumgeht. Was sollt ihr sonst noch in dieser Stunde nicht tun?

Vermutlich war die vorangegangene Stunde ziemlich nervenaufreibend – diese Stunde war es im Anschluss garantiert auch! Erfahrene Lehrer und Lehrerinnen wissen, lenkt man die Aufmerksamkeit auf das, was man nicht möchte, forciert man Ärger. Sie wissen, dass man das verhindern kann, indem man sich auf das fokussiert, was stattdessen erwünscht ist.

Ziel einer Diskussion in der Klasse über sensible persönliche Themen wie zum Beispiel Mobbing ist nicht, die Kinder zum Grübeln über negative Gefühle wie Ärger,

Lösungsfokussierte Konversationen geben den Schülern Selbstvertrauen in ihre eigenen Fähigkeiten.

Beschämung oder Schuld zu ermuntern, die das Risiko bergen, unnötigerweise böse, ängstliche, unangebrachte Aufregung zu verstärken. Lösungsfokussierte Konversationen zeichnen sich durch eine optimistische Leichtigkeit aus, wenn klar beschrieben wird, was gewünscht ist. Sie geben den Schülern und Schülerinnen Vertrauen in ihre eigenen Fähigkeiten, in diesem Fall in die Fähigkeit, erfolgreiche Beziehungen mit anderen in der Schule aufzubauen und zu erhalten.

Unterrichtscoaching

Shilts & Berg entwickelten ein einfaches und flexibles Modell lösungsfokussierten Unterrichtscoachings, dass sie WOWW nannten, »Working on What Works« (Shilts, 2008; siehe auch Måhlberg & Sjöblom, 2008, 2009). Es gab schon in der Vergangenheit Experimente mit lösungsfokussierter Arbeit im Unterricht. Das WOWW-Modell hat für weitere Aufmerksamkeit für das Potential, das das Coaching von ganzen Klassen mit dem Ziel der Verbesserung ihres Lernens und ihres Verhaltens hat, gesorgt.

Der grundlegende Startpunkt ist die Beobachtung einer beliebigen Unterrichtsstunde mit einem »wertschätzenden Auge« durch einen Kollegen oder eine Kollegin (Annis Hammond, 1996, S. 6). Zu Beginn teilt der oder die Coach den Schülern und Schülerinnen mit, dass er oder sie die Klasse beobachtet und alles notiert, was sie tun, das ihnen hilft zu lernen, egal ob als Klasse oder als Individuum. Am Ende der Stunde teilt ihnen der oder die Coach mit, was er oder sie notiert hat. Normalerweise findet der oder die Coach viele Beispiele, zum Beispiel die Schüler und Schülerinnen arbeiten gut zusammen, sie benutzen die Materialien sorgfältig und hören respektvoll ihren Mitschülern und Mitschülerinnen oder Lehrern und Lehrerinnen zu. Ungefähr zehn Minuten vor Ende der Stunde gibt der oder die Coach der Klasse positives Feedback über Beispiele konstruktiven Verhaltens, die er oder sie bemerkt hat. Nach der Stunde sollte der oder die Coach auch den Lehrer oder die Lehrerin für einige Dinge loben, die er oder sie zur Unterstützung des Lernens der Schüler und Schülerinnen beigetragen hat.

In späteren Coachingsitzungen kann eine Skalierung verwendet werden, um der Klasse zu helfen zu beschreiben, was sie bisher schon gut geschafft hat. Das Feedback wird auf Vorschläge der Klasse dazu ausgedehnt, was sie gerne mehr oder anders machen würden, um in Zukunft ihr Lernen noch weiter zu verbessern. Der Klassencoach oder die Schüler und Schülerinnen selbst halten nach Fortschritten Ausschau, die entweder in den anderen Stunden oder in der Coachingsitzung selbst vorkommen.

Üblicherweise erzählen Lehrer und Lehrerinnen, dass sie das Klassencoaching darauf aufmerksam macht, wie gut die meisten Schüler und Schülerinnen lernen. Sie werden sich positiven Verhaltens bewusst, das sie im Alltag als selbstverständlich hinnehmen und durch die vielen Dinge, die sie alltäglich tun, nicht mehr wahrnehmen. Wenn das Coaching-Feedback ihre Aufmerksamkeit auf das gerichtet hat, was gut funktioniert, beginnen auch die Schüler und Schülerinnen selbst, es zu bemerken und die Unterrichtsatmosphäre wird positiver.

Lehrer oder Lehrerinnen nehmen aufgrund ihrer Erfahrung meist an, dass das Verhalten der Schüler und Schülerinnen im Unterricht aktiv kontrolliert oder wenigstens »gemanagt« werden muss, ansonsten besteht die

Gefahr, dass es immer schlechter wird. Im Gegensatz dazu steht die Erfahrung während des Unterrichtscoachings: Wenn das Verhalten der Schüler und Schülerinnen deutlich gelobt wird und die Schüler und Schülerinnen in die Entscheidungen darüber, was sie verbessern wollen, miteinbezogen werden, fangen sie an, selbst einen Teil der Verantwortung für die Veränderungen zu übernehmen.

Die Ergebnisse von Unterrichtscoachings sind unter anderem, dass die Schüler und Schülerinnen sich höflicher verhalten und hilfsbereiter werden. Auch das allgemeine Sozialverhalten in der Klasse verbessert sich. Aus diesem Grund kann lösungsfokussiertes Klassencoaching als eine Anti-Mobbing-Aktivität angesehen werden. Es trägt signifikant sowohl zu positiven Beziehungen in der Klasse und zu einer positiven Lernatmosphäre bei.

Beispiel 6:   *Klassencoaching in einer weiterführenden Schule*

> *Dies ist ein Beispiel von zwei Coachingsitzungen an einer weiterführenden Schule mit Schülern und Schülerinnen im Alter zwischen 13 und 14 Jahren. Obwohl diese Klasse zur leistungsschwächsten Kategorie zählte, kam ihre Lehrerin schon sehr gut mit ihrem Verhalten zurecht.*
>
> *Die Lehrerin gab mir im Vorfeld zur besseren Vorbereitung der Sitzungen einige Informationen. Nachdem ich zu Beginn vorgestellt worden war, teilte ich der Klasse mit, dass ich nach allem, was für ihr Lernen hilfreich wäre, Ausschau halten, es aufschreiben und ihnen am Ende der Stunde mitteilen würde. Das Feedback an die Klasse beinhaltete:*
>
> - *Jeder Schüler und jede Schülerin befolgte die Anweisungen umgehend. Wenn sie zum Beispiel aufgefordert wurden, die Bücher zu benutzen, nahm sofort jeder Schüler und jede Schülerin sein oder ihr Buch und suchte nach der richtigen Seite.*
>
> - *Die Schüler und Schülerinnen baten ruhig und freundlich um Hilfe, wenn sie sie benötigten, ohne andere Schüler und Schülerinnen abzulenken.*
>
> - *Wurde die Stunde durch eine Nachricht an den Lehrer unterbro-*

chen, ging die Konzentration nicht verloren; nach der Unterbrechung kehrten alle direkt zu ihren Aufgaben zurück.

- *Die Schüler und Schülerinnen hörten den Antworten der anderen zu.*

- *Etliche Schüler leisteten hilfreiche Beiträge zum allgemeinen, problemlosen Ablauf in der Klasse, z. B. holten sie Bleistifte, Arbeitshefte oder sammelten die Bücher ein.*

Zum Ende der zweiten Sitzung, kurz vor dem Feedback, machte ich mit der Klasse eine lösungsfokussierte Skalierungsübung.
Wo würde die Klasse die Stunde, die sie gerade gehabt hatte, auf einer Skala von Eins bis Zehn, wobei Zehn »die Klasse gibt beim Lernen ihr Bestes« und Eins »sie lernt gar nichts« bedeutet, platzieren?
Die Klasse stellte übereinstimmend eine 7,5 fest.
Was brachte sie auf so ein hohes Ergebnis?

- *Spiele machen, verschiedene Aktivitäten*
- *Eine gute Lehrerin*
  - *Macht dich glücklich*
  - *Liebt das Unterrichten*
  - *Hilfreich*
  - *Hat Humor*
- *Zuhören, wenn die Lehrerin spricht*
- *Tun, was die Lehrerin sagt*
- *Gut vorbereitet und organisiert sein*

Wenn ihr beim nächsten Mal auf der 8,5 wärt, was wäre dann anders? Was, im Vergleich zu heute, würdet ihr anders machen?

- *Besser zuhören*
- *Konzentrieren*
- *Härter arbeiten*
- *Mehr melden*
- *Sich noch mehr anstrengen*

Also ist es möglich, in der nächsten Stunde eine 8,5 zu erreichen?
Habt ihr Lust, das zu versuchen?
Die Klasse stimmte beiden Fragen zu.
Das Feedback der Klasse über die zweite Stunde beinhaltete:

- *Als ich ankam, hörte jeder der Lehrerin still zu*
- *Jeder arbeitet kooperativ mit den anderen zusammen*
- *Als die Lehrerin sagte, dass sie während der Stunde etwas nicht diskutieren wollte, kehrten die Schüler und Schülerinnen umgehend wieder zu ihrer Arbeit zurück*
- *Die Schüler und Schülerinnen meldeten sich, wenn erforderlich, um Fragen zu beantworten*
- *Bei ablenkendem Verhalten erinnerten andere Schüler und Schülerinnen an die Aufgabe und forderten auf, konzentriert weiterzuarbeiten*

Die Lehrerin stellte nach dem Coaching einen fühlbaren Unterschied fest. Zum Beispiel konnte sie um Freiwillige bitten, die Bücher einzusammeln. Vorher hatte sie bestimmte Schüler oder Schülerinnen ausgewählt, um zu vermeiden, dass andere aufspringen oder herumschreien. Sie fand auch, dass sie eine spürbare Verbesserung in der Lernhaltung sehen konnte. Obwohl ihr Klassenmanagement bisher schon gut gewesen war, stellte die Lehrerin fest, dass sie ihre Art, auf die Schüler und Schülerinnen zu reagieren, verbessert hatte. Immer wieder lobte sie die Schüler und Schülerinnen während des Unterrichts. Sie lobte auch Verhalten, das sich nicht nur auf das Arbeiten bezog mehr, zum Beispiel das Helfen untereinander in der Klasse, und sie bemerkte auch die Auswirkung auf ihre anderen Klassen, nicht nur auf diese. Die Schüler und Schülerinnen reagierten besser auf die Lehrerin und wurden sogar während des Unterrichts arbeitswilliger und kooperativer. (Mein Dank gilt Lehrerin Rachel Cope für die Erlaubnis zur Einbeziehung dieses Beispiels.)

Dieselbe Strategie kann angewendet werden, wenn ein Lehrer oder eine Lehrerin feststellt, dass eine Klasse Probleme mit ihrem Verhalten hat. Der oder die Coach kann nach jeglichem Verhalten Ausschau halten, dass der Lehrer oder die Lehrerin verstärken möchte. Wie dieses Beispiel gezeigt hat, wirkt sich lösungsfokussiertes Coaching auf jede Klasse positiv aus.

Pausen

Verschiedene größere Anti-Mobbing-Programme haben festgestellt, dass ein Training des Pausenaufsichtspersonals und Verbesserungen auf dem Schulhof hilfreich sind, um Mobbing zu reduzieren (Smith & Sharp, 1994; Ttofi, Farrington & Baldry, 2008). Die Ausstattung von Schulhöfen an Grundschulen wurde in den vergangenen Jahren merklich verbessert. Es gibt mehr Sitzmöglichkeiten, Spielzeug, fantasievolle Anpflanzungen und gesonderte Bereiche für Ballspiele. Weiterführende Schulen legen Wert auf eine Umgebung, die den Eindruck eines anregenden Arbeitsplatzes vermittelt. Es gibt viele Möglichkeiten, das physische Umfeld einer Schule so zu verbessern, dass konstruktives Spielen gefördert und wertvolle Ressourcen für das Lernen bereitgestellt werden. Dies ist ein gutes Beispiel dafür, wie Schüler und Schülerinnen laufend aktiv in Vorschläge und Planung von Verbesserungen mit einbezogen werden können.

Was in unstrukturierten Schulzeiten passiert, ist besonders für das Sicherheitsgefühl der Schüler relevant.

Pausenzeiten, Mittagsmahlzeiten, die Zeit unmittelbar vor und nach dem Unterricht und die Schülerbewegungen in den Räumen zwischen den Stunden sind unstrukturierte Schulzeiten. Was in dieser Zeit passiert, ist besonders für das Sicherheitsgefühl der Schüler und Schülerinnen relevant, da die Schüler und Schülerinnen weniger beaufsichtigt werden. Unter den richtigen Umständen können diese Zeiten sogar dabei helfen, dass Freundschaften und die gegenseitige Unterstützung der Schüler und Schülerinnen untereinander aufblühen.

Das folgende Beispiel zeigt, wie eine Diskussion helfen kann, wenn es in einer Schule ein konkretes Problem gibt. Dieselben Gespräche können auch präventiv genutzt werden, um die Schüler und Schülerinnen dazu zu bringen, Verantwortung zu übernehmen und Pausenzeiten angenehmer zu machen.

Beispiel 7: *Nach der Pause mit den Sorgen umgehen*

Eine Grundschullehrerin erzählte mir, dass einmal am Ende einer besonders schwierigen Pause einige Schüler ihrer Klasse in Schlägereien verwickelt waren. Sie war am »Kochen«, als sie die Klasse in den Klassenraum zurückführte und überlegte sich, ihnen im Raum eine Standpauke zu halten. Kürzlich war sie bei einer Fortbildungsveranstaltung gewesen und sie dachte: »Was sage ich den Schülern und Schülerinnen jetzt, wenn ich den lösungsfokussierten Ansatz verwende?« »Glücklicherweise«, sagte sie lachend, »war der Korridor lang und ich entschied mich, die Sache anders anzupacken.« Sie forderte die Klasse auf, sich in einen Kreis zu setzen. Sie sagte ihnen, dass sie unglücklich über das Verhalten einiger Schüler und Schülerinnen sei und dass sie vermutet, dass die Schüler und Schülerinnen genauso wenig glücklich über das seien, was ihnen widerfahren war. Sie forderte sie auf, sich zu überlegen, was passiert, wenn die Pausen besser verlaufen:

- *Auf einer Skala von Eins bis Zehn, wobei Eins »Pausen sind fürchterlich, jeder ist froh, wenn sie vorbei sind« und Zehn »Pausen sind super« bedeutet ... Stellt euch vor, Pausen sind bei einer Zehn ...*

- *Was sagt dir dann, dass es so gut ist?*
- *Was machst du, wenn Pausen so gut verlaufen?*
- *Was bemerkst du an dem Verhalten der anderen in der Klasse?*

- *Wie hoch auf der Skala sind die Pausen an der Schule normalerweise?*
- *Was bringt sie auf dieses hohe Ergebnis?*
- *Was magst du an Schulpausen am liebsten?*

87

- *Was glaubst du, fällt mir an dir auf, wenn du nach einer guten Pause wieder in die Klasse kommst?*

Nachdem sie einen Augenblick über diese Fragen gesprochen hatten, lobte sie die Klasse, dass sie herausgefunden hatten, was sie tun müssten, um die Pausen genießen zu können. Sie sagte ihnen, dass sie zuversichtlich sei, dass die nächste Pause besser verlaufe.

Die Lehrerin überlegte, dass dies eine bessere Art war, mit der Situation umzugehen. Sie hatte die Angelegenheit angesprochen, ohne ärgerlich zu werden. Stattdessen hatte sich eine gute, konstruktive Diskussion ergeben. Alle fühlten sich besser und konnten hinterher an die Arbeit zurückkehren, ohne dass Groll auf die Stunde übergriff. Ihre Beziehung zu der Klasse wurde durch diese Art der Problembesprechung gestärkt statt angespannt.

Schüler und Schülerinnen können dazu ermutigt werden, eine pro-aktive Rolle für eine freundliche und unterstützende Schulgemeinschaft während der Pausenzeiten zu übernehmen. Der »Peer-Support-Plan« an der weiterführenden Acland Burghley Schule in London wurde ursprünglich aufgestellt um den Schülern und Schülerinnen dabei zu helfen, Mobbing zu bekämpfen. Ihre freiwilligen »Berater und Beraterinnen« unterzogen sich einem Programm, das auf lösungsfokussierter Praxis basiert. Ihr ausgezeichnetes Programm wurde in einem Video, das den Anti-Mobbing-Leitfaden der Regierung begleitet, gewürdigt (DfEE, 2001). Weitere Einzelheiten finden Sie bei Hillel & Smith (2001).

Viele Grundschulen haben Patenmodelle eingeführt, um die Schüler und Schülerinnen in den Pausen zu unterstützen. Freiwillige, normalerweise aus den oberen Klassen, helfen den Kindern, sich zu befreunden. Die Paten tragen zur besseren Wahrnehmung auf dem Schulhof häufig ein charakteristisches Merkmal, zum Beispiel eine Kappe oder ein Sweatshirt. Organisierte Peer-Support-Programme helfen Schülern und Schülerinnen, die sich verletzlich fühlen und dennoch den Erwachsenen nicht sagen möchten, dass sie Schwierigkeiten haben. Oft ist dies bei Mobbing der Fall aber auch bei anderen Sorgen. Dieser Weg ist niederschwelliger und für die Schüler und Schülerinnen leichter anzunehmen.

Wenn sich Schüler und Schülerinnen freiwillig als »Schulhofpate« zur Verfügung stellen, bekommen sie häufig ein Training, um sie auf ihre Rolle vorzubereiten. Obwohl sich die administrativen Einzelheiten je nach Schule unterscheiden – und die Kinder ja auch aufgefordert werden, ihre eigenen Ideen dazu beizutragen – profitieren die Paten immer davon, ihre vorhandenen Stärken zu beschreiben, indem sie darüber sprechen, wie sie einmal jemandem in der Vergangenheit geholfen haben. Man kann sie z. B. fragen:

- Wie hast du dich mit jemandem angefreundet, den du nicht gut kanntest?
- Was genau hast du getan?
- Wie hat das geholfen?
- Woher wusstest du, dass es geholfen hat?

- Was an dir sagt dir, dass du ein guter Schulhofpate bist?
- Sag uns etwas über die Person, die neben dir sitzt, das dir sagt, dass diese Person ein guter Schulhofpate sein wird.
- Was machst du anders, wenn du Schulhofpate bist?
- Was für einen Unterschied macht das zu den Pausen an dieser Schule?

Das Patentraining beinhaltet auch, dass die Paten erkennen, wann sie einen Mitarbeiter oder eine Mitarbeiterin der Schule mit einbeziehen sollten:

- Wenn sich jemand über jemanden in der Pause Sorgen macht, was sollte man dann am besten tun?
- Und wenn du dir dann immer noch Sorgen machst?

Wenn Schulen Peer-Support-Systeme einführen, zeigen und fördern sie den sozialen Gedanken an der Schule. Man sollte darauf achten, dass das System überwacht wird, sodass die Schüler und Schülerinnen, die Hilfen von Erwachsenen benötigen, diese auch bekommen und dass die Paten alle nötige Unterstützung erhalten.

Zusammenfassung

Es gibt viele Beispiele, wie existierende gute Unterrichtsmethoden die gegenseitige Unterstützung von Schülern und Schülerinnen während des Unterrichts verbessern und Mobbing verringern, ohne dass man es erwähnen muss. Eine »Anti-Mobbing-Atmosphäre« innerhalb und außerhalb des Unterrichts kann auch wirkungsvoll direkt unterstützt werden, indem man Gruppen von Schülern und Schülerinnen in positive soziale Interaktionen involviert.

Genau wie der Ansatz für ganze Schulen sich nicht auf Mobbing fokussieren muss, um es zu reduzieren, muss auch »Anti-Mobbing-Unterricht« Mobbing nicht direkt erwähnen. Diskussionen über Mobbing führen nicht zwangsläufig zu einer Abnahme von Mobbing. Sie können ungewollt zu seiner Steigerung führen, wenn sie nicht ihre Aufmerksamkeit auf das richten, was stattdessen gewünscht wird.

In letzter Zeit hat sich Klassencoaching als vielversprechende neue Strategie zur Verbesserung der Beziehungen der Schüler und Schülerinnen und zur Schaffung einer besseren Lernatmosphäre gezeigt. In einer lösungsfokussierten Schule werden Lehrer und Lehrerinnen und Schüler und Schülerinnen befähigt, ihre bereits vorhandenen Fähigkeiten zu begreifen und zu nutzen, um das Klassenklima zu dem zu machen, das sich alle wünschen.

So wie lösungsfokussiertes Anti-Mobbing für ganze Schulen sehr effizient im Hinblick auf den notwendigen Zeitaufwand für die Mitarbeiter und Mitarbeiterinnen der Schule ist, ist lösungsfokussiertes Anti-Mobbing auch sehr effizient im Hinblick auf die Zeit der Lehrer und Lehrerinnen und Schüler und Schülerinnen im Unterricht. Es nutzt deren existierende Fähigkeiten, eine sichere, freundliche und unterstützende Unterrichtsatmosphäre, die dem Lernen zuträglich ist, zu schaffen. Es ist daher auch nachhaltiger.

Trotz aller dieser möglichen Maßnahmen gibt es immer noch Anlässe, bei denen einzelne Schüler und Schülerinnen weitere Unterstützung benötigen. In den folgenden drei Kapiteln wenden wir uns weiteren Möglichkeiten zu, auf individuelle Mobbing-Fälle einzugehen.

Kapitel Vier:
Auf individuelle Vorfälle eingehen

Einleitung

Die vorangegangenen Kapitel haben gezeigt, wie lösungsfokussierte Gesprächsführung eine Anti-Mobbing-Kultur in ganzen Schulen und im Unterricht fördern kann. Meistens bemerken Schulen, dass die Zahl der schwerwiegenden Mobbing-Fälle sinkt, wenn sie sich darauf konzentrieren, eine sichere, unterstützende und freundliche Schulgemeinschaft zu schaffen. Dieses Kapitel untersucht individuelle Interventionen im Fall von konkreten gemeldeten Mobbing-Vorfällen. Schon heute nutzen Schulen erfolgreich viele unspektakuläre und niedrigschwellige Strategien. Da diese Strategien normalerweise gut funktionieren, tauchen sie in der Literatur über »Mobbing« meist nicht auf (denn »Mobbing« wird ja dadurch verhindert). Zur selben Zeit haben Schulen festgestellt, dass einige Mobbing-Vorfälle – oder nur mutmaßliche Mobbing-Vorfälle – schwierig zu lösen sind (und es wird schwierig, eine gute Beziehung zu den Eltern beizubehalten, wenn man sich mit anhaltenden Vorfällen von Mobbing befasst). Daher suchen sie für solche Fälle nach geeigneten Strategien. Im Folgenden stellen wir dazu einige Maßnahmen vor.

Bereits existierende erfolgreiche Möglichkeiten

Sogar wenn Lehrer und Lehrerinnen nicht unmittelbar intervenieren, tragen sie, wie bereits gezeigt, auf vielfältige Art und Weise zum Selbstwertgefühl all ihrer Schüler und Schülerinnen bei. Wenn ein Kind selbstsicher auf eine kleine Stichelei reagiert, reicht dies normalerweise aus, diese zu beenden und es gibt keinen Grund, es jemandem mitzuteilen. Wie beabsichtigt, reduziert Präventionsarbeit die den Lehrern und Lehrerinnen gemeldete Anzahl der kleineren Vorfälle. Die Schüler und Schülerinnen regeln das selbst untereinander und machen mit ihrem Schulleben weiter. Diese Resilienz verdient große Anerkennung und sollte verstärkt werden.

Dennoch ist es schwierig, aus bestehenden Verhaltensmustern auszubrechen, insbesondere wenn sie durch die Erwartungen und Bedürfnisse anderer Anwesender bekräftigt werden. Unter den richtigen Umständen ist jeder imstande, als Mobber, Opfer oder Zuschauer zu agieren. Was eine effektive Schule unterscheidet, ist nicht, ob Mobbing auftritt, sondern wie damit umgegangen wird, wenn es passiert. Trotzdem können alle verfügbaren Ratschläge und Informationen nicht den Erfahrungsschatz im Umgang mit Kindern ersetzen, aus dem Lehrer und Lehrerinnen schöpfen.

Für das lösungsfokussierte Vorgehen ist die erfolgreiche Vergangenheit und Gegenwart erreicht, wenn die Menschen gut auf Vorfälle reagiert haben, Mobbing aufgehört hat und Eskalationen vermieden wurden. Wir müssen beobachten und bemerken, wie Mitarbeiter und Mitarbeiterinnen von Schulen schon effektiv auf Mobbing-Situationen reagieren, weil dort nützliche Fähigkeiten am offensichtlichsten sind, wo erfolgreiche Ergebnisse erzielt wurden, bevor sich ein Mobbing-Muster etablieren kann. Diese Strategien müssen wertgeschätzt werden und in der zukünftigen Praxis genutzt werden, um das zu ermöglichen, was de Shazer »mehr von dem tun, was funktioniert« nannte.

Wir müssen beachten, was Mitarbeiter und Mitarbeiterinnen von Schulen schon effektiv nutzen

Betrachten wir Fälle langanhaltenden Mobbings, suchen wir verständlicherweise nach dem, was falsch gelaufen ist. Obwohl die in diesen Fällen genutzten Strategien eindeutig unwirksam waren, können wir nur darüber spekulieren, was stattdessen funktioniert hätte. Mobbing an Schulen ist meist ein vorübergehendes Phänomen. Wenn wir über die Spekulationsebene hinauskommen wollen, sollten wir uns auf die tatsächlich erfolgreichen Handlungsoptionen konzentrieren. Diese sind dann nicht spekulativ, sondern gründen sich in Erfahrung, sind sozusagen »evidenz-basiert«.

Nimmt ein Schüler oder eine Schülerin Kontakt mit einem Lehrer oder einer Lehrerin auf, um Unterstützung bei einem einzelnen oder relativ harmlosen

Vorfall zu erhalten, ist eine Antwort auf »niedrigem Niveau« die Beste, zumindest in erster Instanz. Während Kinder lernen, sich in sozialen Interaktionen zu verhalten, machen sie zwangsläufig Fehler und verhalten sich manchmal auf eine Art und Weise, die nicht mit den Werten, die die Schule fördern möchte, übereinstimmt. Dieses Verhalten mag für andere oder sogar für sie selbst erschreckend sein und geschieht aus einer Menge verschiedener und komplizierter Gründe oder ist vielleicht durch Zufälle und Umstände bedingt. Das Wissen, warum ein Problem aufgetreten ist, auch wenn es interessant ist, hilft nicht zwangsweise, es wieder zu beheben. Obwohl Schüler und Schülerinnen wissen müssen, dass ihre Sorgen ernst genommen werden, wird sich kein Schüler oder keine Schülerin bei jemandem für eine Überreaktion auf sein Hilfegesuch bedanken. Jede Reaktion muss verhältnismäßig sein, und es muss die leichteste Form, die Wirkung zeigt, genutzt werden. Erfahrene Lehrer und Lehrerinnen und Mitarbeiter und Mitarbeiterinnen von Schulen haben hier ohnehin viel Erfahrung darin, eine unterstützende Haltung zu zeigen und auf die täglichen Beschwerden vernünftig zu reagieren.

Antworten auf »niedrigem Niveau«

Wenn Schulen eine Vorgehensweise oder Richtlinien für den Umgang mit Mobbing erstellen möchten, können sie sowohl Strategien für den Umgang mit kleineren Beschwerden sowie Vorgehensweisen für den Umgang mit schwerwiegenderen Mobbing-Vorfällen miteinschließen. Hier ist es am besten, wenn man im Rahmen von Besprechungen die Ideen von Mitarbeitern und Mitarbeiterinnen der Schule, die normalerweise mit weniger schwerwiegenden Vorfällen befasst sind, sammelt:

- Wenn sich ein Schüler oder eine Schülerin erstmalig darüber beschwert, dass er oder sie gemobbt wird oder dass er oder sie durch das Verhalten anderer gestört wird, welche bestmöglichen Ergebnisse hoffen wir zu erreichen?

- Was macht das für uns dann für einen Unterschied (wenn wir die Ergebnisse erreichen)?

93

- Welchen Unterschied macht das dann für die Schüler und Schülerinnen?

- Welchen Unterschied macht das dann für die Eltern?

- Als Sie sich das letzte Mal erfolgreich mit einer Beschwerde über Mobbing beschäftigt haben, was haben Sie da genau getan?

- Welche Zeichen haben Ihnen gezeigt, dass Sie gut damit umgegangen sind?

- Was hat Ihnen geholfen, mit diesem Vorfall so gut umzugehen?

- Was an Ihrer Haltung hat Ihnen geholfen?

Ein Vorteil dieser Diskussion ist, dass bereits existierende Fähigkeiten miteinander geteilt werden, sodass jedes Mitglied des Kollegiums sie in seine oder ihre eigene Praxis mit einfließen lassen kann. Die Diskussion wertschätzt die Fortschritte der guten Arbeit an der Schule und verstärkt sie dadurch. Jede weitere Aktion baut mit einem klaren Blick auf die besten Ergebnisse darauf auf.

Bereits existierende Fähigkeiten werden miteinander geteilt.

Typische, wirkungsvolle Reaktionen auf tagtägliche Beschwerden über Mobbing beinhalten:

- Einen oder mehrere andere Schüler oder Schülerinnen bitten, jemanden, der sich verletzlich fühlt, für eine Weile zu begleiten. Einige Schulen haben hier auch organisierte Systeme gegenseitiger Unterstützung von Schülern und Schülerinnen (z. B. Patensysteme)

- Mit einem Schüler oder einer Schülerin, der oder die Gegenstand einer Beschwerde war, sprechen, um sein oder ihr Bewusstsein dafür zu schärfen, dass sich jemand durch sein oder ihr Verhalten, auch wenn es unabsichtlich war, gestört gefühlt hat.

Die letzte Reaktion ist ein Beispiel dafür, dass etwas positiv umgedeutet wird. Viele Lehrer nutzen dies in der Handhabung leichter Verhaltensschwierigkeiten. Wenn ein Lehrer oder eine Lehrerin die Handlung eines Schülers ganz bewusst als neutral oder sogar als positiv auslegt, ermutigt dieses Verhalten des Lehrers oder der Lehrerin den Schüler oder die Schülerin zur Kooperation und verhindert, dass sich die Schüler und Schülerinnen in Bezug auf ihre Verhaltensänderung defensiv oder widerständig verhalten (Molnar & Lindquist, 1989). Dies ist vor allem dann nützlich, wenn sich ein anderer Schüler oder eine andere Schülerin über Mobbing beschwert hat. Wenn dann der Lehrer oder die Lehrerin mit den »Mobbern« spricht, kann es leicht passieren, dass der Schüler oder die Schülerin, die »gepetzt« hat, von den anderen noch zusätzlich dafür verachtet wird. Geht der Lehrer oder die Lehrerin ohne Vorverurteilung der »Mobber« an die Sache, wird das verhindert. Der Lehrer oder die Lehrerin könnte unterstellen, dass das negative Verhalten die Folge des Eifers des Gefechts im Spiel war oder als Witz gemeint gewesen ist. Das sind glaubhafte Umdeutungen, da Schüler und Schülerinnen häufig erzählen, dass sie doch nur »einen Spaß machen oder nur spielen wollten«, wenn sie mit Mobbing-Vorwürfen konfrontiert werden. Formulierungen wie die Folgenden haben sich hier als nützlich erwiesen:

- Ich sehe, dass ihr eure Pause genießt ... und ich weiß, ihr möchtet sicher niemanden verletzen, oder?
- Da wäre es doch vielleicht gut, etwas ruhiger zu spielen, oder?
- Danke, das ist nett von euch!
- Ich weiß, dass du einen lebhaften Sinn für Humor hast, aber ich möchte gerne, dass du weißt, dass ein anderer Schüler sich dadurch verletzt fühlt.
- Ich bin sicher, dass das nicht deine Absicht ist, oder?
- Vielleicht magst du etwas vorsichtiger sein?
- Danke – ich denke, du schaffst es alleine, das wieder in Ordnung zu bringen.

Wenn man auf diese Weise mit Situationen umgeht, verhindert man Anschuldigungen und Gegenargumente und impliziert eine Vielzahl nützlicher Annahmen. Man lässt die Schüler und Schülerinnen wissen, dass eine potentielle Schwierigkeit bemerkt worden ist. Vielleicht haben sie ihr Verhalten unter anderen Umständen als angemessen betrachtet. Unsere Grundannahme ist, dass der Schüler oder die Schülerin bereit ist, sein oder ihr Verhalten zu ändern, wenn sie darauf hingewiesen werden, dass jemand anderes ein Problem damit hat. Wenn man mit der Situation so verfährt, ist es sinnvoll, später zu prüfen, ob alle Probleme gelöst worden sind. Das wiederum bietet die Gelegenheit, beide Parteien dafür zu loben, dass sie es selbst in Ordnung gebracht haben. Und das bestärkt sie für die Lösung jeglicher zukünftiger Schwierigkeiten.

Natürlich gibt es keine Garantie, aber wir haben gesehen, dass Veränderungen wahrscheinlicher werden, wenn die Grundannahmen hinter der Nachfrage des Lehrers oder der Lehrerin wertschätzend und gleichzeitig glaubwürdig sind.

Werkzeug 5: Glücks-Detektive

Diese Strategie ist in Grundschulen angewandt worden, um Kinder, die leicht angreifbar waren, zu unterstützen.

Ein Kind, das in der Schule nicht glücklich ist, kann sich bis zu fünf Klassenkameraden oder Klassenkameradinnen aussuchen, die eine Gruppe bilden. Die Gruppe wird gefragt, ob sie »Glücks-Detektive« sein möchten. Sie nehmen an einer »Mission« teil, bei der sie nach Personen Ausschau halten, die etwas tun, was die Schule zu einem glücklicheren Ort macht. Die Schüler oder Schülerinnen werden aufgefordert, Vermutungen anzustellen, wie das passieren könnte und alle Ideen werden gelobt und an die Tafel oder das Flip-Chart geschrieben. In der folgenden Woche wird zuerst das unglückliche Kind, dann der Rest der Gruppe nach der Mission befragt. Normalerweise erzählen die Kinder stolz, was sie getan haben, um andere glücklicher zu machen oder was sie bei anderen bemerkt haben. Die Mission dauert

Glücks-Detektive suchen nach Anzeichen für Glück in der Schule

gewöhnlich ungefähr fünf Wochen, bis die Kinder sicher sind, dass sie die Mission selbstständig weiterführen können. Es gibt eine Feier mit Zertifikaten für jedes Gruppenmitglied. Die Lehrer stellten fest, dass alle »Glücks-Detektive« durch den Anstieg der Sozialkompetenz, der Kooperation in der Klasse und durch einen höheren Grad an Zufriedenheit profitiert hatten. Dieser Ansatz kann auch genutzt werden, wenn es keine einzelne Person gibt, die Unterstützung benötigt.
(Vielen Dank an Declan Coogan, Sozialarbeiter und Familientherapeut, Dublin, für diese Adaption von Unterstützungsgruppen.)

Wenn das Mobbing schwerwiegender ist, die Schwierigkeiten andauern oder wenn ein Mitglied des Kollegiums unsicher ist, ob eine aktivere Reaktion angemessen wäre, ist es nützlich, die Person, die gemobbt wird, in folgender Weise zu befragen:

• Ist das etwas, was du alleine in Ordnung bringen kannst, oder brauchst du Hilfe, um es zu lösen?

• Ist das schon einmal vorgekommen?

Die Antworten auf diese Fragen klären, ob eine weitere Aktion gebraucht wird. Mobbing-Vorfälle, genau wie anderes unerwünschtes Verhalten, gibt es in verschiedenen Intensitätsgraden. Sie reichen von unbeabsichtigt verletzendem leichtem Necken bis zu täglichen physischen oder emotionalen Quälereien. Die Frage nach der Häufigkeit des Vorkommens des Mobbings ist wichtig. Wenn sich ein Schüler oder eine Schülerin erst einmal gemobbt fühlt, erscheint manchmal jede noch so kleine Begebenheit als Mobbing (z. B. »der schaut mich ständig an«) und schüchtert den oder die Betroffene zusätzlich ein.

Häufig sind Interventionen auf niedrigem Niveau ausreichend. Wenn aber erst einmal ein Mobbing-Muster aufgetreten ist, wenn die Situation weiter besteht oder sich verschlimmert oder ein Elternteil die Schule informiert hat, dass sein oder ihr Kind gemobbt wird, wird die Schule intervenieren wollen und die Wirkung der getroffenen Maßnahmen selbst nachverfolgen wollen.

Einbeziehung der Eltern

Jede Herangehensweise profitiert von der Unterstützung der Eltern, nicht nur von denen der Opfer, sondern auch von den Eltern der Schüler und Schülerinnen, die andere gemobbt haben oder die vielleicht sogar unberechtigt beschuldigt wurden. Besonders in Grundschulen kommt häufig die anfängliche Beschwerde über Mobbing von den Eltern. Ein Teil einer wirksamen Reaktion auf ernsthafte Mobbing-Vorfälle ist die erfolgreiche Einbeziehung der Eltern. Wenn sich Eltern Sorgen machen, dass ihr Kind in der Schule gemobbt wird, ist das für sie meist sehr bedrückend. Es kann sein, dass die Eltern sich über ungewöhnliche Verhaltensweisen zu Hause, die nicht in der Schule auftreten, Sorgen machen: Erregbarkeit bis hin zu heftigen Wutausbrüchen, Bettnässen, Schlafstörungen oder leichte Bauchschmerzen am Morgen. Diese Anzeichen von Stress treten unter Umständen einige Zeit auf, bevor das Kind seinen Eltern erzählt, dass es vor anderen Kindern in der Schule Angst hat. Eltern haben häufig die Sorge, dass ihre Beschwerde die Sache noch verschlimmert und es kann auch sein, dass ihre Kinder ihnen verbieten möchten, etwas in der Schule zu sagen. Eltern berichten in dieser Situation von starken Gefühlen der Machtlosigkeit und Frustration. Wenn sie sich dann tatsächlich entscheiden, dass sie mit jemandem von der Schule sprechen müssen, ist die Anspannung stark gewachsen und die Eltern bauschen vielleicht sogar ihre Beschwerden auf, um eine zufriedenstellende Lösung zu bewirken. Häufig entwickeln Eltern auch eine Verteidigungshaltung in Bezug auf alles, was ihrer Vermutung nach das Mobbing ihres Kindes ausgelöst haben könnte, z. B. die Kleidung des Kindes oder die Schuhe.

Sanktionen haben in der Vergangenheit keine Wirkung gezeigt.

Eltern fordern meist am Anfang ernste Strafen für die »Mobber«, zum Beispiel den Ausschluss aus der Klasse, da sie der Meinung sind, dass Bestrafung die einzige Aktion ist, die Mobbing stoppen kann, obgleich Sanktionen in der Vergangenheit keine Wirkung gezeigt haben. Normalerweise stimmen Eltern alternativen Vorschlägen zu, solange sie das Gefühl haben, dass ihre Sorgen ernst genommen werden und wirken. Schließlich geht es ihnen um eine effektive Lösung und nicht unbedingt um Rache und Vergeltung.

Es überrascht vielleicht nicht, angesichts der negativen Presse und der möglichen juristischen Konsequenzen, dass sich auch Schulen im Umgang mit Beschwerden über Mobbing defensiv verhalten können. Statt die Aufmerksamkeit auf die Bedenken der Eltern zu richten, reagieren sie, indem sie das Problem minimieren. Beispielsweise weisen sie es von der Hand, dass es an der Schule ernsthaftes Mobbing gibt. Durch diese Reaktion wird die Sorge der Eltern noch größer und sie fühlen sich übergangen, und das führt dann dazu, dass sie dann an anderer Stelle nach Hilfe suchen, obwohl die größte Chance auf eine erfolgreiche Lösung in der Schule selbst liegt. Selbst wenn die Schule am Anfang so reagiert hat, dass sich die Eltern ernst genommen fühlen, kann es sein, dass die Schuldfrage wieder auftaucht und dass das Mobbing-Opfer oder seine Eltern beschuldigt werden, wenn die Intervention der Schule nicht fruchtet oder wenn es nach anfänglichen Erfolgen wieder zu Vorfällen kommt. Eltern von »gemobbten« Kindern werden häufig als übermäßig behütend wahrgenommen; den Kindern wird vorgeworfen, das Mobbing-Verhalten anderer provoziert zu haben. Unglücklicherweise führt dies zu einem Teufelskreis.

Die Sichtweise der Eltern trägt dazu bei, wie leicht oder schwer eine Lösung gefunden wird. Es ist indes unstrittig, dass es Handlungsbedarf gibt, wenn ein Kind in der Schule unglücklich ist, unabhängig vom Grund. Die Schule kann positiv reagieren anstatt in die Defensive zu gehen – sogar ohne etwas zuzugeben, außer vielleicht die Tatsache, dass sie eine wertschätzende und sich sorgende Schulgemeinschaft sind, die sich um die Schüler und Schülerinnen kümmert. Eine erfolgreiche Schule nutzt die Beschwerden der Eltern als Möglichkeit, das förderliche Klima und den wertschätzenden Geist der Schule zu zeigen.

Für Eltern ist es hilfreich, die Person kennenzulernen, die für die Maßnahmen im Alltag verantwortlich sein wird und die den Hauptkontakt darstellt. Assistenten oder Assistentinnen der Lehrer oder Lehrerinnen sind in Großbritannien für den Umgang mit Mobbing besonders geeignet, da sie häufig mehr Zeit und mehr Flexibilität aufweisen als die Lehrer und Lehrerinnen selbst. In Deutschland können auch Beratungslehrer oder andere Schulmitarbeiter wie z.B. die Schulsozialarbeit diese Rolle übernehmen. Eltern können wertvolle Informationen über die Zufriedenheit ihrer Kinder liefern, daher ist es wichtig, dass Lehrer und Lehrerinnen, die mit der Situation befasst sind, den Eltern mitteilen, dass ihr Input geschätzt wird. Ist die Mobbing-Situation erst einmal gelöst, schätzen es die Eltern, wenn ihnen für ihre Geduld und Kooperation während dieser schwierigen Zeiten gedankt wird.

Die wichtigste Kompetenz im lösungsfokussierten Umgang mit Mobbing ist es, Schüler und Schülerinnen und deren Eltern zu helfen, die eigenen Potentiale zur Veränderung zum Besseren hin zu begreifen und zu realisieren. Wenn Schule voraussetzt, dass es zwischen Eltern, Schülerinnen und Schülern und Schule ein partnerschaftliches Verhältnis gibt und wenn diese Partnerschaft verstärkt und ausgebaut wird, kommt man auf kreativere und letztlich befriedigendere und erfolgreichere Lösungen.

Reaktion auf »ernsthafteres« Mobbing

Anti-Mobbing ist Teil der Inklusions-Agenda an Schulen. Die Maßnahmen gegen Mobbing an Schulen sollten dieselben Werte unterstützen wie die Inklusion. Der Ausschluss von der Schule ist keine Anti-Mobbing-Strategie, sondern der letzte Ausweg in extremen Fällen, in denen Lösungsversuche fehlgeschlagen sind und die Sicherheit anderer Schüler und Schülerinnen ernsthaft gefährdet ist. In diesen Fällen wägt der Schulrektor oder die -rektorin in Absprache mit Eltern und anderen am Wohlergehen der Kinder interessierten Organisationen ab, ob das Verhalten des Schülers oder der Schülerin eine Straftat darstellt und ob es polizeilich gemeldet werden muss.

Der Ausschluss von der Schule ist keine Anti-Mobbing-Strategie, sondern der letzte Ausweg in extremen Fällen.

Manche Schüler sind so verletzlich, dass sie auch außerhalb der Schule noch spezielle Unterstützung benötigen. Jedes Jahr begehen in Großbritannien einige Schüler und Schülerinnen Selbstmord, wobei es den Anschein hat, dass Mobbing an Schulen ein beteiligter Faktor ist. Wenn sich Schüler oder Schülerinnen trotz des existierenden Unterstützersystems in der Schule schwertun – in einem Ausmaß, dass sie sich komplett aus sozialen Situationen herausziehen oder dass die Schule befürchten muss, dass sie sich selbst verletzen –, dann muss der Schüler oder die Schülerin dringend an die staatlichen Hilfestellen wie z. B. das Jugendamt oder an psychologische Dienste verwiesen werden.

Glücklicherweise sind die meisten »Täter« und »Opfer« einfach gewöhnliche Schüler, die eine Situation falsch eingeschätzt und sich falsch verhalten haben oder an einem verletzlichen Punkt getroffen wurden. Die meisten Mobbing-Situationen in Schulen können allein dadurch behoben werden, dass sie erkannt und angesprochen werden. Die Schule kann einen Kontext für die Veränderung bieten, die Erwartung einer Veränderung aufrechterhalten und die positiven Beiträge von Schülern und Schülerinnen und Eltern nutzen, damit die Veränderung passiert, sodass schlussendlich alle profitieren.

Wenn hingegen klar belegt ist, dass ein Schüler oder eine Schülerin jemanden absichtlich verletzt hat, wäre es schlimm, wenn die Schule nicht eindeutig klarstellen würde, dass so ein Verhalten inakzeptabel ist. Dies würde dem Gerechtigkeitssinn der meisten Menschen, wie dem von Lehrern und Lehrerinnen, Schülern und Schülerinnen und Eltern widersprechen. Mit Mobbing kann in solchen Fällen gemäß der Schulordnung oder des Schulgesetzes verfahren werden. Verfahren wie ein »Opfer-Täter-Ausgleich« oder andere Sanktionen sollten der Situation angemessen sein. Auch hier ist es wieder nützlich, die leichteste, wirksamste »Bestrafungsstufe« zu wählen. Der einzige Weg, den Erfolg zu messen, ist die Feststellung, dass es keinen Rückfall gegeben hat.

Traditionell beinhaltet der empfohlene Lösungsansatz bei Mobbing-Beschwerden die Untersuchung dessen, was passiert ist, die Urteilsfindung aufgrund von Beweisen und die Festlegung einer Strategie, die das Mobbing stoppt, oft mit Sanktionen gepaart. Zum Beispiel bleibt der »Täter« oder die »Täterin« für einige Tage während der Pausen im Klassenzimmer oder sein oder ihr Verhalten wird den Eltern mitgeteilt. Viele Lehrer und Lehrerinnen haben festgestellt, dass das unglücklicherweise oft nicht so einfach ist, wie es sich anhört. Mobbing ist nicht so geeignet für den Einfluss durch Lehrer oder Lehrerinnen, da es in gewisser Hinsicht die Sache der Schüler ist. Da Mobbing normalerweise außerhalb der Beobachtung durch Lehrer oder Lehrerinnen geschieht, laufen die Ergebnisse einer Untersuchung darauf hinaus, dass ein Wort gegen das andere steht. Erwachsene sträuben sich sehr dagegen, Schüler oder Schülerinnen ohne eindeutige Beweise zu bestrafen. Einer der Gründe, weshalb Kinder Mobbing Erwachsenen nicht mitteilen, ist ihre Angst, dass Strafe die Situation verschlimmert anstatt sie zu beseitigen.

Um Hilfe suchende Schüler brauchen die Gewissheit, dass jedwede Reaktion der Schule Sorge dafür trägt, dass sie in Sicherheit sind. Dennoch befürchten Lehrer und Lehrerinnen, Eltern und Schüler und Schülerinnen häufig, dass eine Reaktion auf Mobbing, selbst wenn keine Bestrafung erfolgt, zu Ärger und noch mehr Mobbing in der Zukunft führt und dies vielleicht sogar in einer subtileren Form, die schwierig zu kontrollieren ist. Um dieses Risiko zu vermeiden, versuchen Lehrer und Lehrerinnen manchmal, das Geschehen enger zu beobachten, damit sie direkt aus ihrer eigenen Betrachtung heraus eingreifen können. Manchmal erhalten Schüler, die vor Mobbing Angst haben, die Erlaubnis, sich in Pausen in Bereichen aufzuhalten, die unter stärkerer Beobachtung stehen. Es gibt auch Versuche, Schüler oder Schülerinnen voneinander zu trennen, sogar in eine andere Klasse zu versetzen. In extremen Fällen haben Eltern das Kind auf eine andere Schule gegeben. Obwohl diese Strategien manchmal insofern funktionieren, dass sie ein Verhaltensmuster durchbrechen, bringen sie nicht notwendigerweise eine langfristige Lösung und können eine untragbare Situation sogar verstärken.

Da Schüler und Schülerinnen generell sehr zögerlich sind, sich über Mobbing zu beschweren, ist ihr Hilferuf ein Zeichen, dass Maßnahmen dringlich sind. Traditionelle Beratung oder Sozialkompetenztrainings, die üblicherweise für das Opfer angeboten werden, brauchen Wochen, um Wirkung zu zeigen. Unglücklicherweise impliziert solch ein Vorgehen manchmal sogar, dass das Opfer schuld ist und sich verändern muss. Werden Jugendliche an eine externe Organisation, einschließlich Telefon-Hotlines oder Internetseiten weitergeleitet, sollte die Frage der Verantwortung geklärt sein. Einige Schulen haben vertraglich vereinbarten Zugang zu einer Organisation oder einem Anti-Mobbing-Projekt, die Soforthilfe von außen bereitstellen. In der Praxis jedoch haben die meisten Schulen diese Option nicht. Aus diesem Grund brauchen Schulen Strategien, die sie selbst umsetzen können, um angemessen und schnell mit ernsthaften Mobbing-Fällen umzugehen und gleichzeitig Risiken zu vermeiden.

Die bekanntesten Strategien, die speziell für den Umgang mit Mobbing entwickelt wurden, sind unter anderem »The Method of Shared Concern«, von Pikas (1989) in Norwegen entwickelt und »The No Blame Approach« von Maines und Robinson (1992). Die Begründer dieses Ansatzes reagierten auf weitverbreitete Kritik und änderten mehrmals den Namen des »No Blame Approach«, letztendlich in »Support Group Method«.

»The Method of Shared Concern«
»Support Group Method«

Diese Theorien gehen davon aus, dass Mobbing tatsächlich stattfindet und dass bekannt ist, wer verantwortlich ist. Pikas entdeckte als Erster die Wichtigkeit der weitergefassten »Mobbing-Gruppe« für die Beendigung von Mobbing. Er empfahl, einzelne Mitglieder der Gruppe zu ermutigen, Vorschläge für die Problemlösung zu machen, anstatt die Einzelheiten zu untersuchen, was passiert war und zu bestrafen. Dies ist jedoch ein aufwändiger Ansatz, der eines speziellen Trainings und eines erheblichen Zeitaufwands bedarf. Der »No Blame Approach« ist einfacher und deshalb zugänglicher und schneller umsetzbar. Er ist besonders in England bekannt. Die Opfer werden ermutigt, ihre Gefühle darüber, dass sie gemobbt werden, zu beschreiben und sich auszudrücken, indem sie schreiben oder ein Bild malen. Diese Gefühle werden der Gruppe erzählt, um Empathie zu fördern. Die Gruppenmitglieder werden aufgefordert, Lösungen, wie sie helfen können, vorzuschlagen. Die Schüler oder die Schülerinnen werden dann einzeln befragt, welche Fortschritte sie beobachten.

Lösungsfokussierte Interventionen »bleiben an der Oberfläche« (de Shazer, 1994) und vermeiden so negative Mutmaßungen über Beteiligte. Sie stützen sich auch nicht auf »innere« oder verborgene Motivatoren. Man muss sich bewusst sein, welche negativen Folgen es haben kann, wenn man jemanden, der ohnehin schon verletzt ist, dazu ermuntert, sich auf die Beschreibung seiner negativen Gefühle zu konzentrieren (Craig, 2009). Wenn man das Opfer dazu bringt, einer Gruppe von Schülern und Schülerinnen sein tiefempfundenes Unglück zu offenbaren, könnte es auch sein, dass das Einzelheiten in der Zukunft für weiteres Mobbing genutzt werden und das nicht nur von Mitgliedern der ursprünglichen Gruppe. Da es keinen Grund gibt, so ein Risiko einzugehen, ist es ein leichtes, die möglichen Konsequenzen zu vermeiden.

> *Es geht nicht darum, ein Problem zu lösen, sondern sich jenseits des Problems zu bewegen.*

Lösungsfokussierte Methoden lenken absichtlich die Aufmerksamkeit von negativen Empfindungen zu einerseits positiven Handlungen und andererseits zu bereits existierenden Fähigkeiten und Stärken, die genutzt werden können, die positiven Handlungen umzusetzen. Dem existierenden Problem wird keine Aufmerksamkeit geschenkt – es geht nicht darum, ein Problem zu lösen, sondern sich jenseits des Problems zu bewegen.

Es ist allgemein anerkannt, dass Interventionen, bei denen Schüler und Schülerinnen auf positive Art und Weise einbezogen sind, sehr hilfreich sein können. Wie bereits gesagt, werden an Schulen Projekte zur gegenseitigen Unterstützung von Schülern und Schülerinnen (wie z. B. Patenschaften) genutzt, um in einem frühen Stadium Mobbing zu verhindern. Der auf bestimmte Kinder gerichtete und durch Lehrer und Lehrerinnen eng überwachte Gebrauch von »Support Groups« ist ein gutes Beispiel für eine sich ausbreitende, existierende, gute Methode.

Beispiel 8: **»Gary«**

> *Garys Mutter rief die Schulbehörden an, um nachzufragen, was man machen könnte, da ihr Sohn in der Schule gemobbt würde. Sie hörte sich sehr besorgt an. Der Schulrektor hatte widerwillig eingewilligt, außenstehende Stellen miteinzubeziehen. Ich rief die Mutter noch am selben Tag an und verabredete ein Gespräch mit ihr und Gary am nächsten Nachmittag und daran anschließend mit dem Rektor.*

Gary war elf Jahre alt. Seine Mutter erzählte, dass er zu Schulbeginn Sprachprobleme gehabt hatte. Trotz der Fortschritte, die er machte, lag er für sein Alter im Lesen noch zurück. Körperlich war er für sein Alter klein und hatte unerklärlichen Hautausschlag auf den Händen. Er war Bettnässer. Die Mutter war besorgt darüber, dass sie ihm keine teure, modische Kleidung kaufen konnte, aber sie sorgte stets dafür, dass er sauber und ordentlich in die Schule ging. Beide waren verzweifelt. Gary war besonders unglücklich über das Thema Bettnässen. Offenbar hatte seine Mutter versucht, mit der Mutter eines »Täters« vernünftig zu reden und hatte das Bettnässen erwähnt. Als Ergebnis hatten die Jungs in der Schule es herausgefunden und ihn auf dem Spielplatz verspottet. Die Schikanen waren schlimmer geworden und passierten nun auch außerhalb der Schule auf der Straße. Zu diesem Zeitpunkt kontaktierte sie die Polizei, die ihr riet, sich an die Schulbehörden zu wenden.

Ich erläuterte ihnen den »Support Group Approach« und sagte, dass er hier passend sein könnte – mit dem Support-Group-Ansatz könnten wir vermeiden, noch mehr Ärger dadurch auszulösen, dass jemand bestraft wird. Gary war unerbittlich und wollte nicht mehr zur Schule gehen. Ich besuchte die Schule und sprach mit dem Rektor und der Integrationslehrerin. Man erzählte mir, dass die Familie des Opfers Probleme an der Schule verursacht hatte. Die jüngere Schwester stiftete Unruhe in der Klasse und der Vater war wegen seines aggressiven Verhaltens während einer Veranstaltung vom Schulgelände verwiesen worden. Der Schule war bewusst, dass Gary Opfer von Sticheleien war, aber sie war sich auch bewusst, dass er kein Engel war. Sie hatten aber versucht, die Vorfälle anzusprechen, wenn sie akut auftraten.

Ich empfahl ihnen eine Support-Group. Dies wäre ein geeigneter Weg nach vorn, da kein Beteiligter zu Recht oder möglicherweise zu Unrecht bestraft werden würde. Die beteiligten Kinder würden bestimmt gerne mitmachen, und außerdem wäre es der wirkungsvollste Ansatz, den wir kennen.

Die Kinder wurden aus der Klasse herausgerufen und trafen sich mit mir und der Integrationslehrerin. Die Gruppe wusste zwar, dass Gary in der Schule unglücklich war, aber wir gingen den Gründen nicht weiter nach. Einige Mitglieder der Gruppe erzählten, dass sie in der Vergangenheit auch schon einmal in der Schule unglücklich gewesen waren, weil sie beschimpft wurden. Als ich sie fragte, ob sie Vorschlä-ge hätten, wie sie Gary glücklicher machen könnten, hatten sie schnell viele eigene Ideen. Ein Kind sagte, es würde sich beim Essen neben Gary setzen, ein anderes schlug vor, sich auf dem Schulhof um Gary zu kümmern, damit er in den Pausen nicht alleine ist. Ein Mädchen sagte, sie würde sich mit ihm unterhalten. Nach jedem Vorschlag be-stätigte und lobte ich sie persönlich und auf verschiedene Arten, zum Beispiel: »*Das ist eine tolle Idee! Wie hast du es geschafft, dir so etwas auszudenken?*« *oder* »*Hast du vorher schon einmal so etwas Nettes für andere gemacht?*« *Als ich von allen Kindern Vorschläge hatte, bedankte ich mich bei ihnen, wünschte ihnen viel Erfolg und verabredete mich mit ihnen eine Woche später, um zu sehen, wie sie vorangekommen waren.*

Es war schwierig, Gary davon zu überzeugen, zur Schule zu gehen. Am Schluss einigten wir uns, dass seine Mutter ihn zur Schule bringen würde und ihn erst nach Ende der Pause dort alleine lassen würde. Zum Mittagessen würde sie ihn wieder abholen. Ich versprach Gary, ihn in zwei Tagen zu besuchen. Am nächsten Tag überprüfte ich mit seiner Mutter, ob er tatsächlich zur Schule gegangen war. Am Telefon hörte sie sich sehr besorgt darüber an, was Gary möglicherweise alles in der Schule ertragen müsse. Sie warnte mich, wenn Gary an diesem Morgen gemobbt werden würde, sähe sie keine Möglichkeit mehr, ihn dazu zu bringen, am Nachmittag wieder in die Schule zurückzugehen. Zwei Tage später traf ich Gary kurz in der Schule. Als er den Raum betrat, lachte er mich an und sagte mit Tränen in den Augen: »*Ich habe gar nicht gewusst, dass ich so viele Freunde habe.*« *Bei unserem Treffen eine Woche später sagte er Dinge wie* »*viel besser*« *weil* »*sie nicht mehr so pingelig sind – es war einfach normal*«.

Ich traf die Gruppe ohne Gary und forderte sie auf, mir zu erzählen, ob sie es geschafft hatten ihm zu helfen und falls ja, wie. Sie erzählten mir beispielsweise, wie sie ihn absichtlich zum Spielen auf dem Schulhof aufgefordert hatten. Ich lobte jeden Einzelnen und jede Einzelne für das, was er oder sie getan hatte, zum Beispiel für die sensible und vorsichtige Art, wie sie ihre Unterstützung gezeigt hatten. Als ich sie fragte, ob sie glauben, dass er glücklicher sei und woher sie das wissen, antworteten sie, dass er lächelt, mehr erzählt und mehr lacht. Sie wurden für ihre tollen Pläne gelobt und gefragt, ob sie noch eine weitere Woche weitermachen wollten. Davon waren sie alle begeistert.

Ich rief seine Mutter an um zu fragen, wie es ihm geht. Sie sagte, dass Gary »ein anderer Mensch« geworden sei, der wieder gerne in die Schule geht. Gary hatte sogar darauf bestanden, während der Mittagspause wieder in der Schule bleiben zu dürfen.

In der folgenden Woche lief alles weiterhin gut. Ich machte ein Foto von der Gruppe zusammen mit Gary – wie ich schon sagte, ich mache gerne von den besten Gruppen Fotos. Ich sorgte dafür, dass alle eine angemessene Belohnung von der Schule für ihren Einsatz bekamen. Ungefähr ein Jahr später wurde ich gefragt, ob ich wegen eines anderen Falls an derselben Schule wieder helfen könne. Die Lehrerin war wieder dabei und hatte seitdem regelmäßig mit diesem Ansatz gearbeitet – mit großem Erfolg. (Basierend auf Young, 2011)

Auf Mobbing lösungsfokussiert zu reagieren bedeutet, die Aufmerksamkeit auf die Details zu richten, die zeigen, was passiert, wenn das Problem gelöst ist, zum Beispiel in der erwünschten Zukunft. Dies kann durch Lehrer und Lehrerinnen oder Schüler und Schülerinnen geplant werden, indem sie ihr Wissen darüber, was Schüler und Schülerinnen in der Schule glücklicher macht, nutzen. Der »Support Group Approach« (Young, 1998) ist eine lösungsfokussierte Version der Peer-Group-Intervention. Eine andere Maßnah-

> *Die Aufmerksamkeit auf die Details richten, die zeigen, was passiert, wenn das Problem gelöst ist, zum Beispiel in der erwünschten Zukunft.*

me ist das lösungsfokussierte Interview. Beide Maßnahmen haben gezeigt, dass sie funktionieren. Unsere Erfahrungen lassen vermuten, dass, allgemein gesprochen, Support-Groups besser zu jüngeren Schülern, insbesondere Grundschülern passen. Lösungsfokussierte Interviews passen eher zu älteren Schülern weiterführender Schulen. In Kapitel Fünf beziehungsweise Sechs finden Sie eine detaillierte Beschreibung dieser Ansätze.

Zusammenfassung

Wenig aufwendige, wenig Aufsehen erregende Maßnahmen sind bei weniger intensivem Mobbing vollkommen angemessen. Mitarbeiter und Mitarbeiterinnen von Schulen sind für diese Fälle normalerweise ohnehin gut dafür gerüstet, erfolgreich einzugreifen. Intensivere Maßnahmen müssen getroffen werden, wenn der Schüler oder die Schülerin weiterhin Schwierigkeiten hat oder wenn Eltern die Schule informieren, dass ihr Kind gemobbt wird.

Sich auf einen gemeinschaftlichen Weg mit den Eltern zusammen einzulassen, ist ein wesentlicher Teil davon, mit ernsthaftem Mobbing wirkungsvoll umzugehen. Auch Eltern brauchen Zeit und stellen Überlegungen an, wenn sie sich in dieser Lage befinden, und lösungsfokussierte Schulen nutzen dies als Möglichkeit, ihre Unterstützung und Fürsorge zu zeigen.

In einigen Fällen stellten die Schulen fest, dass traditionelle Ansätze zur Verhaltensänderung uneffektiv waren und entwickelten spezielle Strategien im Umgang mit Mobbing. Jede Anti-Mobbing-Reaktion muss fair zu Schülern und Eltern sein, da dies zur Nachhaltigkeit des wichtigsten Ergebnisses beiträgt – der Schüler oder die Schülerin ist in der Schule wieder glücklich. Die folgenden zwei Kapitel beschreiben lösungsfokussierte Maßnahmen, die eine wirkungsvolle Unterstützung in den Fällen bieten, in denen Mobbing ein Problem für einzelne Schüler oder Schülerinnen geworden ist.

Kapitel Fünf: Peer-Support-Gruppen

Einleitung

Dieses Kapitel beginnt mit der kurzen Zusammenfassung der Durchführung einer lösungsfokussierten Peer-Support-Gruppen-Methode für Kinder, die sich gemobbt fühlen. Diese Methode hat sich für die Arbeit an Grundschulen bewährt (Young, 1998; 2001; 2008). Der Klarheit halber wird hier als Beispiel eine überschaubare Situation gewählt, bei der es eine Beschwerde der Eltern über Mobbing gibt und die Schule das Kind unterstützen möchte. Nach einer kurzen Zusammenfassung gibt es einen typischen Dialog mit einhergehenden Erläuterungen. Zusätzlich finden Sie Informationen über Ergebnisse dieses Ansatzes und Reflektionen über die Erfahrungen bezüglich der Partnerschaft mit Eltern und Schülern.

Kurzzusammenfassung

Während dieser Maßnahme gibt es keine Vermutungen über das, was passiert ist. Der Gebrauch der Worte »Täter«, »Mobbing« oder »Opfer« ist daher nicht hilfreich und wird in der folgenden Beschreibung vermieden. Die Person, die die Intervention durchführt, sollte den Schüler oder die Schülerin, der oder die das Leben an der Schule schwierig findet, interviewen, um die Personen zu identifizieren, die in der Support-Gruppe sein sollen. Die Maßnahme kann von Lehrern oder Lehrerinnen, Assistenten oder externen Beratern durchgeführt werden. Normalerweise wird das erste Interview mit dem Schüler oder der Schülerin in der Schule durchgeführt. Sind die Eltern dabei, ist es hilfreich, die Eltern um Erlaubnis zu bitten, dass die Kinder einige Fragen selbst beantworten. Dies signalisiert, dass die Kinder die Gesprächspartner sind. Manchmal agieren Eltern ungewollt als die Sprecher ihrer Kinder, oder die Kinder haben das Gefühl, die Sorgen der Eltern rechtfertigen zu müssen. Beide, Eltern und Kinder, müssen sich sicher sein, dass ihre Bedenken ernst genommen werden und es keinen Grund gibt, den Wahrheitsgrad ihrer

Wahrnehmungen zu hinterfragen. Das Interview dient nicht dazu, Geschehnisse oder mögliche Gründe zu untersuchen oder festzustellen, wer an der Situation Schuld hat. Gleichgültig ob richtig oder falsch übernimmt der Interviewer oder die Interviewerin die Sicht des Kindes, dass es unglücklich ist, und dass das alleine schon ein Eingreifen erfordert.

Hier ist eine Übersicht der Abfolge der Maßnahmen:

- Interview mit dem zu unterstützenden Kind (mit oder ohne Eltern): Identifizieren von Kindern für die Support-Gruppe (schwierige Kinder, Zuschauer, Freunde)
- Treffen mit der Support-Gruppe: Um Hilfe für das betroffene Kind bitten
- Nachbesprechung mit dem betroffenen Kind: Was ist besser geworden?
- Nachbesprechung mit der Support-Gruppe: Anerkennung für was getan wurde

Interview mit dem zu unterstützenden Kind

Ziel dieses Interviews ist es, lediglich herauszufinden, wer die passendsten Schüler oder Schülerinnen für die Support-Gruppe sind. Die Gruppe besteht aus Schülern und Schülerinnen, die das Kind schwierig findet, aus Schülern und Schülerinnen, die bei schwierigen Situationen anwesend sind und aus Freunden. Wir akzeptieren, dass das Kind Unterstützung benötigt, ohne dass es Erklärungen abgeben muss oder dass es über seine Gefühle sprechen muss, was sich kontraproduktiv auswirken könnte.

Treffen mit der Support-Gruppe

Die Support-Gruppe wird aus den Personen zusammengestellt, die das Kind im Interview benannt hat. Eine Support-Gruppe besteht typischerweise aus allen Schülern und Schülerinnen, die das Kind schwierig findet, zwei oder drei Kindern, die häufig in schwierigen Situationen dabei sind und aus Freunden oder potentiellen Freunden, insgesamt ungefähr fünf bis acht Kindern. Eine Gruppengröße von mindestens fünf Schülern oder Schülerinnen bietet vielfältige Ideen und hilft die Verantwortung auf mehrere Schultern zu verteilen. Wenn man mindestens fünf Schüler oder Schülerinnen in der Support-Gruppe hat, ist es auch wahrscheinlich, dass sich meistens ein Mitglied der Support-Gruppe in der Nähe des Schülers oder der Schülerin befindet. Mehr als acht Schüler verlangsamen den Prozess während des Treffens, und die Bedeutsamkeit jedes einzelnen Beitrags wird reduziert. Falls möglich, ist die Mischung von Geschlecht und/oder Herkunft gut. Ziel des Treffens mit der Support-Gruppe ist, die teilnehmenden Kinder wissen zu lassen, dass ihre Hilfe benötigt wird. Es geht auch darum, dass sich die Kinder nach dem Treffen verpflichtet fühlen, das betroffene Kind zu unterstützen, dass es in der Schule wieder glücklicher wird. Die meiste Zeit wird bei diesem Treffen damit verbracht, die Kinder dazu zu ermutigen, Vorschläge zu machen und sie für ihre Vorschläge zu loben.

Nachbesprechung mit dem zu unterstützenden Kind

Ungefähr eine Woche später gibt es einen Nachverfolgungstermin mit dem zu unterstützenden Kind. Das Gespräch konzentriert sich darauf, was das Kind an Verbesserungen bemerkt hat und darauf, das Kind für alles, was es anders gemacht hat, was hilfreich war, zu loben. Auf diese Weise wird der Fortschritt überwacht und jede positive Veränderung wird verstärkt.

Nachbesprechung mit der Support-Gruppe

Das Gespräch mit der Support-Gruppe bietet dem Interviewer oder der Interviewerin die Möglichkeit, den Kindern Anerkennung für das auszusprechen, was sie getan haben, und zwar für jeden Einzelnen und jede Einzelne persönlich und als Gruppe. Zusätzlich bietet dieses Gespräch einen weiteren Blick auf die Situation, sodass es möglich wird zu beurteilen, ob die Gruppe weiterhin Unterstützung geben muss. Im Folgenden finden Sie ein Beispiel für den Ablauf der Support-Gruppen-Methode.

L   = Gesprächsleiter
S   = Sam, das Kind, das Unterstützung benötigt
A – F = Mitglieder der Support-Gruppe: Amed, Ben, Carl, Danny, Ethan,
       Freddie

Interview mit dem zu unterstützenden Kind

Zu Beginn des Gesprächs ist es nützlich, einige Minuten nicht über die Schwierigkeiten, sondern über ein anderes Thema zu sprechen, damit das Kind nicht den Eindruck bekommt, dass es nur als Problem angesehen wird. Manche Schüler und Schülerinnen sind nervös, weil sie erwarten, dass sie über die für sie schwierigen, schmerzlichen Dinge sprechen sollen. Dagegen hilft es, ihnen zu Beginn Fragen zu stellen, bei deren Beantwortung sie keine Probleme haben. Der Gesprächsleiter oder die Gesprächsleiterin kann von Anfang an nach Beispielen für Zeiten suchen, in denen das Kind in der Schule glücklicher ist.

> L: Hallo Sam, entschuldige, dass ich dich während des Unterrichts
>   störe ... was hast du gerade gemacht?
> S: Mathe.
> L: Ah ja ... Was macht ihr gerade in Mathe?
> S: Kreise und so.
> L: Ich habe das früher ganz gerne gemacht ... und du?
> S: Es ist ganz okay.
> L: Was machst du denn in der Schule am liebsten?
> S: Ich mag Lesen und Geschichten schreiben.
> L: Hm ... welches Buch lest ihr gerade?

Um zum Hauptteil der Sitzung überzuleiten, ist es respektvoll, das Kind zu fragen, ob es Hilfe haben möchte. Es ist wichtig, seine Zustimmung zum Interview und zu Interventionen in seinem Namen zu erhalten. Dies hilft, Zuversicht in die Beteiligung einer dritten Person aufzubauen und verringert das Gefühl der Hilflosigkeit, das das Kind durch die Inanspruchnahme von Hilfe haben könnte. Es ist bekannt, dass Schüler und Schülerinnen häufig

Schwierigkeiten haben, mit jemandem darüber zu sprechen, dass sie aus irgendeinem Grund unglücklich sind. Es ist für sie einfacher, zuzugeben, dass jemand anderes traurig ist.

L: Okay, ich habe mit deiner Mutter gesprochen. Sie ist traurig darüber, dass du im Moment in der Schule nicht so glücklich bist. Wusstest du, dass sie sich Sorgen macht?

S: (nickt mit dem Kopf)

L: Ich glaube, ich kann dir in dieser Sache helfen. Möchtest du meine Hilfe haben?

S: Mmm.

L: Ich möchte dir gerne ein paar Fragen stellen, falls das okay ist. Ich habe schon gemerkt, dass du gut im Fragenbeantworten bist.

S: Mmm.

Die Teilnehmer einer Support-Gruppe basieren auf den Namen, die das Kind nennt. Beachten Sie, dass nicht gefragt wird »Wer mobbt dich?«. Abhängig von den gemachten Erfahrungen ist es mitunter vielleicht notwendig, den Kindern zu versichern, dass man sie nicht auffordern wird, andere zu verpetzen. Kinder reagieren sehr sensibel, wenn sie das Gefühl haben, dass sie andere in Schwierigkeiten bringen, selbst aus gutem Grund.

L: Ich würde gerne wissen, wer dir helfen könnte. Wen findest du im Moment in der Schule schwierig?

S: Err ... ich weiß nicht ob ich ...

L: Mach dir keine Sorgen. Ich brauche keine Einzelheiten. Ich möchte einfach nur wissen, wer helfen könnte, okay?

S: Okay, es ist Amed ...

L: Gut ... Amed (schreibt den Namen auf).

S: Und Ben manchmal auch ...

L: ... und Ben (schreibt den Namen auf). Wer noch?

S: Nein, das sind alle.

L: Okay, das ist prima ... wer ist noch so dabei, wenn die Sache für dich schwierig ist?

S: Carl ist manchmal da. Und Ethan auch.
L: Okay. Carl und Ethan ... noch jemand?
S: Err ... Freddie manchmal ... sonst keiner.
L: Okay, gut.

In Grundschulen benennt das Kind normalerweise ein bis drei schwierige andere Schüler oder Schülerinnen. Als allgemeine Regel kann man sagen, dass, je jünger das Kind, umso kleiner die Anzahl der Mitschüler oder Mitschülerinnen ist, mit denen es Schwierigkeiten hat. Sollten mehr als vier Namen genannt werden, kann man nach den »Wichtigsten« fragen. Schreibt man etwas auf, sollte man dem Kind zeigen, was man aufgeschrieben hat, um keine Zweifel aufkommen zu lassen.

Normalerweise sind noch andere Kinder dabei, wenn das Kind Schwierigkeiten hat. Üblicherweise werden zwei, drei andere Namen genannt. Noch mal, es gibt keine Notwendigkeit für Einzelheiten – es wird einfach akzeptiert, dass andere Kinder dabei sind, ohne Vermutungen anzustellen, inwiefern sie beteiligt sind.

Zum Schluss fragt man noch nach den Kindern, die Freunde des betroffenen Kindes sind, oder die das Kind gerne als Freunde hätte:

L: Mit wem bist du in der Schule befreundet?
S: Err ... Amed ist mein Freund.
L: Gut, Amed, wer noch?
S: (schüttelt den Kopf)
L: Mit wem wärst du denn in der Schule gerne befreundet?
S: Ethan.

Es ist nicht ungewöhnlich bei Kindern, dass sie jemanden als ihren Freund oder ihre Freundin bezeichnen, den oder die sie zuvor als jemanden benannt haben, mit dem sie Schwierigkeiten haben. Ich vermute daher, dass Mobbing häufig eine Folge von Freundschaften ist, in denen etwas schiefgelaufen ist. Fragt man nach Freunden, nennt das Kind normalerweise eine Anzahl von Namen. Wenn das Kind jedoch schon eine Weile Schwierigkeiten in der Schule hat, kann es sein, dass es nicht mehr in der Lage ist, irgendjemanden als Freund oder Freundin anzusehen. In diesem Fall fragt man das Kind, wen es gerne als Freund hätte.

L: Okay, großartig. Ich habe jetzt alle diese Namen aufgeschrieben. Ich werde diese Kinder fragen, ob sie helfen können, dass du wieder mehr Spaß in der Schule hast. Ich würde dich gerne wiedersehen, um zu sehen, wie es weitergegangen ist, sagen wir nächste Woche? Okay?

S: Ja.

L: Ich bin beeindruckt davon, wie mutig du bist. Du bist zu mir gekommen und hast mit mir so klar über alles gesprochen. Ich bin mir sicher, dass sich die Dinge schnell verbessern werden. Ich werde dich nächsten Mittwochmorgen wieder rufen lassen, damit du mir erzählen kannst, wie es dir ergangen ist, okay?

S: Okay.

L: In der Zwischenzeit möchte ich, dass du aufschreibst, was besser geworden ist, damit du mir nächste Woche alles erzählen kannst. Denkst du daran?

S: Ja ...

L: Gibt es noch etwas, was du mir sagen möchtest?

S: Nein, ich glaube nicht ...

L: Gut! Ich hoffe, du hast nicht allzu viel Mathe verpasst. Viel Glück! Bis nächste Woche. Tschüss!

S: Tschüss! (Der Schüler geht zurück in die Klasse.)

Nachdem man dem Kind kurz erklärt, was passiert, plant man eine Nachbesprechung, ungefähr eine Woche später. Sind der Schüler oder die Schülerin oder seine oder ihre Eltern sehr besorgt, kann man auch eine kurze Besprechung zu einem früheren Zeitpunkt einrichten. Das Gespräch endet mit Komplimenten und der Versicherung, dass sich die Dinge verbessern werden. Dies generiert Hoffnung und die Erwartung, dass sich die Dinge schnur-

Hoffnungen und Erwartungen sind signifikante Faktoren für Veränderungen und haben einen großen Einfluss auf das zukünftige Geschehen.

stracks zum Guten wandeln. Hoffnungen und Erwartungen sind signifikante Faktoren für Veränderungen und haben einen großen Einfluss auf das zukünftige Geschehen. Die Aufforderung an den Schüler oder die Schülerin, Entwicklungen zu notieren und sich daran zu erinnern, um sie in der folgenden Woche zu erzählen, hilft, die Aufmerksamkeit auf das zu lenken, was schon besser funktioniert.

Zum Ende des Interviews ist es gut, den Schüler oder die Schülerin zu fragen, ob er oder sie noch irgendetwas sagen möchte. Normalerweise denkt man, dass die Kinder dann über ihre Schwierigkeiten sprechen. Tatsächlich aber sind die Kinder häufig erleichtert, dass sie nicht noch einmal alles erzählen oder andere Schüler oder Schülerinnen verpetzen müssen. Trotzdem gibt ihnen diese Frage die Möglichkeit, das zu sagen, was sie möchten, bevor sie gehen.

Treffen mit der Support-Gruppe

Dieses Treffen sollte sehr leicht und optimistisch und nicht schwer und ernst verlaufen. Die Kinder werden zum Treffen begrüßt, man beginnt, wie gehabt, mit unverfänglichen Themen jenseits des Problems. Manchmal sind die Kinder nervös. In diesem Fall benötigen sie ein wenig Beruhigung und Versicherung, dass nichts Schlimmes passiert. Vielleicht wissen die Schüler oder Schülerinnen auch, dass Eltern in der Schule waren, oder sie haben das Kind, das unterstützt werden soll, gerade eben gesehen, sodass sie Ärger vermuten; wie auch immer, Kinder werden normalerweise nicht aus dem Unterricht herausgeholt, es sei denn, es ist etwas Ernstes.

L: (lächelt und heißt alle willkommen): Nun, lasst mich mal sehen, ob alle da sind ... Ihr seht ja alle klasse aus in euren Schulpullis! Sind alle da? ... Amed, Ben, Carl, Danny, Ethan und Freddie. Ja ... das ist toll. Habt ihr genug Platz zum Sitzen? ... Könnt ihr euch alle gegenseitig sehen? ... Danke, ich bin sehr froh, dass ihr alle da seid.

A: Haben wir Ärger?

L: Nein, ich brauche nur eure Hilfe, ist da okay? (Die Gruppe nickt.) Vielen Dank, dass ihr alle gekommen seid. Vielleicht habt ihr schon bemerkt, dass Sam im Moment in der Schule nicht so glücklich ist. Ich brauche eure Hilfe, damit er wieder glücklicher wird. Ich habe euch ausgewählt, weil ich weiß, dass ihr mir helfen könnt.

B: (nickt)

C: Mmm.

D: Okay.

Von Beginn an ist klar, dass es das Ziel der Gruppe ist, der Gesprächsleiterin oder dem Gesprächsleiter zu helfen, das betroffene Kind in der Schule glücklicher zu machen. Der einfachste, korrekteste und vorurteilslose Erklärungsweg für die Auswahl der Mitglieder der Support-Gruppe ist die Feststellung, dass sie ausgewählt wurden, weil sie alle helfen können.

E: Er wird gehänselt!

L: Okay ... ist von euch schon einmal jemand in der Schule aus irgendeinem Grund unglücklich gewesen?

B: Letztes Jahr war ich ein wenig unglücklich.

L: Oh, was hat dich traurig gemacht?

B: Ich wurde beschimpft.

L: Ich verstehe, dass dich das traurig gemacht hat. Ich hoffe, es geht dir in der Schule jetzt wieder gut?

B: Ja.

L: Gut – wir wollen, dass jeder gerne zu unserer Schule geht, oder? Deshalb brauche ich eure Hilfe. Werdet ihr mir helfen?

B: Ja.

D: Klar!

A: Mmm ... (die anderen nicken)

E: Was sollen wir tun?

L: Ich wusste, dass ich auf euch alle zählen kann.

Gelegentlich gibt ein Teilnehmer oder eine Teilnehmerin, obwohl er oder sie nicht danach gefragt wurde, eine Erklärung ab, warum das Kind unglücklich ist. In diesem Fall kann man das kurz wahrnehmen und anerkennen, bevor man weitermacht. Um ein konkretes Beispiel für »Unglücklichsein« zu bekommen, kann man die Gruppe fragen, ob schon einmal jemand von ihnen in der Schule unglücklich gewesen ist. Wenn ja, erzählen die Schüler und Schülerinnen normalerweise von ähnlichen Umständen, die zeigen, dass sie die Situation implizit kennen. Die lösungsfokussierte Intervention der Support-Gruppe ist aber nicht von der Empathie der Gruppenmitglieder für das Opfer abhängig. Wir nehmen auch nicht an, dass es irgendwem in der Gruppe an Empathie fehlt. Die Kinder in der Gruppe werden ungeachtet ihrer Gefühle für den Schüler oder die Schülerin gebeten, der Gesprächsleitung zu helfen. Die meisten Schüler und Schülerinnen möchten den Erwachsenen in der Schule gerne helfen. Wenn die Intervention auf diese Art und Weise präsentiert wird, ist es mehr als wahrscheinlich, dass die Kinder die Bitte erfüllen, sogar wenn das betroffene Kind sie nicht besonders interessiert.

L: Ihr kennt Sam am besten und ich bin sicher, dass ihr Ideen habt, die helfen. Hat irgendjemand eine Idee? Vielleicht gibt es eine kleine Sache, die ihr während der nächsten Woche machen könnt, damit Sam in der Schule glücklicher ist?

A: Ich könnte mich mit ihm unterhalten, wenn er alleine ist ...

L: Das ist eine wirklich gute Idee – du hast dir das sehr schnell ausgedacht – ich bin sicher, dass das helfen wird. So, Amed ... (er oder sie notiert) spricht mit Sam, wenn er alleine ist ... Danke dir. Das ist super – genau an so eine Hilfe habe ich gedacht. Wer hat noch eine Idee?

B: Ich kann mich beim Mittagessen neben ihn setzen.

L: Ich bin sicher, dass das auch helfen wird ... noch eine großartige Idee! Ben ... (er oder sie notiert) sitzt bei Sam während des Mittagessens. Du vergisst das nicht, oder?

B: Nein, ich bringe auch mein Mittagessen mit, so wie Sam.

L: Großartig! Wer hat noch eine gute Idee – es muss nichts Großes sein ...

C: Ich kann ihm Witze erzählen.

L: Das ist eine nette Idee, Carl – kennst du ein paar Witze, die ihn zum Lachen bringen?

C: Ja, ich kenne einige gute Witze.

L: Du kannst gut Witze erzählen, oder? Das ist ausgezeichnet!

D: Ich kann ihm ein paar Süßigkeiten mitbringen.

L: Das ist sehr freundlich von dir ... So, Carl erzählt ihm Witze und Danny teilt mit ihm Süßigkeiten ... (schreibt die Vorschläge auf)

Einige Gruppen sprudeln sofort vor Ideen über, während andere zuerst nicht vorankommen. Haben einige Gruppenmitglieder erst einmal Vorschläge gemacht, die positiv aufgenommen wurden, sind die anderen normalerweise auch interessiert, ihre Vorschläge anzubringen. Jeder Vorschlag ist willkommen und wird gewürdigt, sofern er nicht vollkommen inakzeptabel ist.

Ihre Vorschläge werden dadurch bekräftigt, dass ihre Namen und ihr exakter Wortlaut notiert werden, dass man auf das, was sie vorhaben, neugierig ist und ihre Hilfsbereitschaft und brillanten Ideen lobt. Dies demonstriert der gesamten Gruppe, dass man Anerkennung bekommt, wenn man einen Vorschlag macht. Die Liste soll beim nächsten Treffen nicht als Kontrolle dienen, ob die gemachten Vorschläge in die Tat umgesetzt worden sind.

Die hier gemachten Beispiele sind typische Vorschläge von Grundschulkindern. Ihre Bedeutung liegt in der Tatsache, dass sie die Bereitschaft der Kinder zeigen, teilzunehmen und das Gruppenziel, das betroffene Kind glücklicher zu machen, akzeptieren. Einige Vorschläge sind brillant. Einer der besten, die ich jemals gehört habe, war: »Ich warte morgens, wenn er durch das Eingangstor kommt, lächle ihn an und sage ›Hallo‹!«

Manchmal gibt es ein oder zwei Kinder, denen nichts einfällt, was sie tun könnten. Man fordert sie auf, anderen Gruppenmitgliedern zu helfen oder gibt ihnen noch mehr Zeit zum Nachdenken.

E: Mir fällt nichts ein.

L: Das ist in Ordnung, vielleicht fällt dir ja noch später etwas ein oder du hilfst den anderen bei ihren Sachen.

E: Ich kann mich beim Mittagessen auch zu ihm setzen.

F: Ich werde mit ihm in der Pause spielen.

L: Ich bin sicher, dass ihm beide Dinge helfen, Danke ... Ich habe
hier viele tolle Ideen notiert – ich bin sicher, dass sie Sam helfen,
sich wieder wohler zu fühlen – ihr habt das sehr gut gemacht.

F: Sollen wir Ihnen Bescheid geben, wenn jemand Sam ärgert?

L: Danke, aber ich hoffe, dass das nicht nötig sein wird ... wenn ihr
es schafft, eure tollen Ideen umzusetzen, wird das super!

Es ist essentiell, dass statt des Gesprächsleiters oder der Gesprächsleiterin
die Schüler und Schülerinnen selbst die Vorschläge machen und sich aussuchen, was sie unternehmen möchten, sodass der Lösungsvorschlag vollkommen der Gruppe zuzurechnen ist. Der Gesprächsleiter oder die Gesprächsleiterin muss vielleicht dem Drang widerstehen, den Gruppenmitgliedern
Aufgaben zu geben, sie dazu zu bringen, Versprechungen abzugeben oder
sie aufzufordern, sich mit dem betroffenen Kind zu befreunden.

Wenn alle Gruppenmitglieder ihre Rolle in dem Plan gefunden haben,
werden die Vorschläge zusammengefasst, indem sie mit den Namen und
Worten der Mitglieder wiederholt werden.

L: Ich freue mich so sehr, dass ihr mir alle helft: Amed spricht mit
Sam, Ben und Ethan setzen sich in der Mittagspause zu ihm, Carl
erzählt ihm Witze, Denny bringt ihm Süßigkeiten mit und Freddie spielt mit ihm in der Pause. Meiner Meinung nach habt ihr
einen richtig guten Plan entwickelt. Ich bin mir sicher, dass die
Gruppe erfolgreich ist und Sam wird wegen dieser vielen Dinge,
die ihr unternehmt, in der Schule glücklicher sein. Ihr wart alle
sehr hilfreich. Vielen Dank.

Ich würde gerne wissen, wie ihr vorangekommen seid, können
wir uns in einer Woche wieder treffen, damit ihr mir erzählt, was
ihr erreicht habt? (Gruppe nickt) Okay, wir treffen uns wieder
nächsten Mittwoch. Ich freue mich schon darauf. Viel Glück! Ich
bin mir sicher, dass eure Ideen Sam helfen, wieder glücklicher zu
werden.

Der Plan wird wertgeschätzt, indem der Gesprächsleiter oder die Gesprächsleiterin optimistisch über die Erfolgschancen spricht, die Ziele der Gruppe wiederholt und ihnen in Erwartung ihrer Hilfe dankt.

Zu diesem Zeitpunkt hat die Support-Gruppe normalerweise große Lust darauf, der Gesprächsleitung zu berichten, was sie geschafft hat. Eine Woche ist ein ausreichend langer Zeitraum für ein Wiederholungstreffen. Alle hatten ausreichend Gelegenheit, etwas zu unternehmen und anfänglicher Übereifer hat sich gelegt.

Nachbesprechung mit dem zu unterstützenden Kind

Ungefähr eine Woche, nachdem die Gruppe gegründet wurde, kann die Situation mit dem zu unterstützenden Kind besprochen werden. Oft ist dies nur eine kurze Besprechung, da sich gewöhnlich alles positiv entwickelt und der Schüler jetzt häufig glücklich ist. Die Rolle, die das Kind in jeglicher Art von Verbesserung innehatte, wird gewürdigt – schließlich wird sich auch das Kind verändert haben, und es ist hilfreich, seine Beiträge zur Lösung anzuerkennen und hervorzuheben.

L: Wie läuft es?

S: Sehr gut.

L: Das ist toll! Was ist besser geworden?

S: Carl hat sich mit mir während der Mittagspause unterhalten.

L: Oh, du hast dich mit Carl unterhalten?

S: Ja, und mit Amed.

L: Also du hast es hinbekommen, dich mehr mit anderen zu unterhalten, das ist super, das hast du gut gemacht. Was hast du noch besser gemacht?

L: Glaubst du, dass es dir jetzt gut geht oder wollen wir uns einer Woche oder so wieder treffen?

S: Es geht mir gut.

L: Super gemacht! Ich bin sehr beeindruckt, wie du das in so kurzer Zeit hinbekommen hast.

Sollte es noch irgendwelche Zweifel geben, wird ein weiteres Treffen verein-
bart. Fühlt sich das Kind sicher genug, es alleine zu schaffen, wird es auch
dafür gelobt. Obwohl es immer eine Ermessensfrage ist, soll die gegebene
Unterstützung um das Problem zu lösen zwar ausreichend, aber nicht mehr
als notwendig sein, um jegliche Art von Abhängigkeit zu vermeiden.

Nachbesprechung mit der Support-Gruppe

Bei dieser Besprechung ist es wichtig, genug Zeit einzuplanen, damit jedes Gruppenmitglied die Möglichkeit hat, ausführlich zu erzählen, was es
unternommen hat und damit es individuell gelobt werden kann. Es gibt
keine Notwendigkeit, die Gruppenmitglieder dahingehend zu überprüfen,
ob sie das unternommen haben, was sie in der Woche zuvor vorgeschlagen
haben – das ist nicht wichtig. Und es ist für die Gruppenmitglieder auch
nicht zwingend erforderlich, von ihren Handlungen der letzten Woche zu
berichten.

L: Hallo, schön euch wiederzusehen, wie ist es gelaufen?

A: Sam geht es jetzt gut.

L: Das ist super! Was für eine tolle Gruppe. Wie habt ihr es geschafft,
ihm zu helfen?

B: Ich habe mit ihm in der Pause Fußball gespielt.

L: Wirklich? Das hat ihm sicher geholfen, glücklicher zu sein, oder?

B: Ja.

L: Sehr gut gemacht! Was habt ihr noch unternommen um ihm zu
helfen?

C: Ich habe ihn auf dem Weg zur Schule abgeholt.

L: Eine tolle Idee – das war sehr nett von dir. Glaubst du, dass ihm
das geholfen hat?

C: Ja, er sagte, dass es ihn glücklich macht.

L: Da ist ja großartig! Noch jemand?

E: Jemand hat ihn in der Mittagspause geärgert, aber ich habe ihm
gesagt, dass er Sam in Ruhe lassen soll.

L: Und hat das geholfen?

E: Ja, der andere hat dann aufgehört.

L: Das hast du gut gemacht. Vielen Dank, dass du das so vernünftig gelöst hast. Warum glaubt ihr sonst noch, dass er glücklicher ist?

F: Wir haben uns mit ihm in der Mittagspause unterhalten.

L: Oh, ich glaube, dass ihm das gefällt ... nun, ich muss schon sagen, dass ich tief beeindruckt davon bin, wie ihr es geschafft habt, ihm zu helfen. Ihr habt das alle sehr gut gemacht. Eure Gruppe scheint sehr erfolgreich gewesen zu sein ... Würdet ihr das eine weitere Woche machen?

A: Ja, auf jeden Fall.

B: Ich mache es so lange Sie möchten.

L: Das ist toll. Wir treffen uns nächste Woche wieder und ihr könnt mir erzählen, was ihr unternommen habt ... Noch einmal viel Glück, Tschüss!

Manchmal erzählen ein oder zwei Schüler der Gruppe bei der ersten Besprechung nichts. Vielleicht haben sie in der Woche nichts für das Kind unternommen, oder sie haben vielleicht einfach nur aufgehört, das zu tun, was das andere Kind unglücklich macht. Sie werden einfach in das Lob für die ganze Gruppe mit eingeschlossen.

Bisweilen berichten einige, dass es Schwierigkeiten gegeben hat, meistens durch jemanden außerhalb der Gruppe. Das wird eventuell von dem zu unterstützenden Kind weder bemerkt noch erwähnt. Häufig übernimmt jemand aus der Support-Gruppe die Initiative und regelt solche kleineren Vorkommnisse. Schließlich haben die Kinder Einfluss auf die anderen Kinder, die nicht in der Support-Gruppe sind.

Die Gruppe als Gesamtheit wird für die gut gemachte Arbeit gelobt. Sollte es noch irgendwelche Zweifel geben, wird die Gruppe gefragt, ob sie noch eine Woche weitermachen möchte. Möglicherweise sind sie sehr enthusiastisch, im Grunde sind sie ja mit nichts beauftragt worden, was zu beschwerlich für sie ist oder mit etwas, das sie nicht von sich aus vorgeschlagen haben. In den häufigsten Fällen wird die Situation zweimal besprochen, um sicherzustellen, dass sich das Muster der Interaktionen verändert hat. In der

Minderheit der Fälle ist es nötig, bis zu fünf Besprechungen durchzuführen. Nur sehr selten übersteigt man diese Anzahl. Auch vergrößert sich der Abstand zwischen den Besprechungen schrittweise.

(Im Anhang A finden Sie ein Beispielformular für die Niederschrift der Hilfemaßnahmen.)

Beispiel 9: »*Jenny*«

Die Mutter einer achtjährigen Tochter, Jenny, beschwerte sich beim regionalen Schulamt, dass ihre Tochter in der Schule gemobbt würde. Ich besuchte die Familie zu Hause. Jennys Mutter, Frau Braun, erzählte mir, dass Jenny vom ersten Tag an in der Schule gemobbt wurde, dass es aber in den letzten achtzehn Monaten besonders schlimm geworden sei. Sie hatte in der Schule bei verschiedenen Gelegenheiten mit dem Rektor und mit Jennys Klassenlehrerin gesprochen. In der letzten Zeit fühlt sich Frau Braun sehr schlecht dabei, Jenny in die Schule zu schicken, da Jenny morgens weinte. Jenny hatte sich an einem Kind, von dem sie auf dem Heimweg geärgert worden war, gerächt und es geschlagen. Das Kind tat Frau Braun zwar leid, aber sie fühlte sich im Recht und bestand darauf, dass das Mobbing an Jenny aufhören musste. Andere Kinder hatten Sachen von Jenny in der Klasse versteckt, ihr den Stuhl weggezogen, wenn sie sich setzen wollte oder sie an den Haaren gezogen.

Nachdem ich mit Frau Braun gesprochen hatte, ging ich sofort zur Schule. Der Rektor war verärgert, dass sich Frau Braun an das Schulamt gewandt hatte, da die Schule ihr Bestes gab, die Situation zu lösen. Der Rektor empfand Frau Braun als überängstlich und Jenny als verzogen. Er war der Ansicht, dass er gut mit der Situation umging und man nicht mehr tun könne. Ich verabredete ein Treffen mit Jenny und kam in der folgenden Woche zurück.

Obwohl ihre Mutter einige Mädchen als maßgeblich Beteiligte identifizierte, nannte Jenny einen Jungen, der auf dem Schulhof schwierig für sie sei. Es gab noch drei Mädchen, die mit dabei waren und sie benannte zwei Mädchen als ihre Freundinnen.

Beim nächsten Besuch sagte mir der Rektor, dass er für Ratschläge dankbar sei. Ich unterhielt mich mit der Klassenlehrerin. Sie war sehr besorgt, dass »Jenny das sensibelste Mädchen sei, dass ihr in all den Jahren an der Schule begegnet sei«. Sie war häufig weinerlich, konnte keine Art von Kritik ertragen, und jegliche Probleme, die die Lehrerin überprüfte, hatten sich anschließend in Luft aufgelöst. Die Lehrerin hielt Jennys Verhalten für die Suche nach Aufmerksamkeit; sie hätte keine echten Freunde und spielte normalerweise alleine auf dem Schulhof.

Bei dieser Gelegenheit schlug ich vor, dass die Lehrerin eine Support-Gruppe leiten sollte. Als ich nach zwei Wochen wieder anrief, erzählte mir Jenny, dass die Mädchen jetzt mit ihr spielten. Ich traf mich auch mit der Support-Gruppe und sie fanden, dass es ihr es jetzt gut ginge. Als ich mit ihrer Mutter telefonierte, stimmte sie mir zu, dass es besser war, obwohl einmal ein Mädchen Jenny ins Gesicht geschlagen hatte. Die Mutter wusste nicht, ob dieses Mädchen zur Support-Gruppe gehörte. Ich verabredete mich mit ihr eine Woche später.

Beim nächsten Treffen erzählte mir Jenny, dass es weiterhin gut lief. Die Gruppe fand, dass Jenny jetzt in der Schule glücklich sei. Als ich telefonisch bei der Mutter nach ihren Eindrücken fragte, war sie sehr zufrieden. Sie war in der Woche bei einem Elternabend gewesen und hatte einen positiven Bericht von Jennys Lehrerin erhalten. Die Lehrerin fand, dass Jennys Selbstvertrauen sprunghaft angestiegen war. Sie war mit meiner Intervention sehr zufrieden, und wir konnten sie beenden. Die Klassenlehrerin vereinbarte für alle, einschließlich Jenny, dass sie in der morgendlichen Schulversammlung eine Urkunde für ihr Verhalten erhalten sollten.

Dieser Fall war insofern ungewöhnlich, als ich die Klassenlehrerin zur Leitung der Support-Gruppe ermutigt hatte. Dies geschah hauptsächlich deshalb, weil es der Schule scheinbar unangenehm war, jemanden von außen um Hilfe zu bitten, obwohl die Schule den Eindruck hatte, dass sie angemessen reagiert hatte. Dies bedeutete zwar eine leichte Verzögerung in der Bildung der Support-Gruppe, aber ich wollte die Entschlossenheit der Schule, das Problem selbst zu lösen, nicht unterwandern. Im Gegenzug waren sie dann gerne bereit, eine neue Strategie auszuprobieren. Während der ersten Woche gab es, wie die Mutter berichtete, nur einen Zwischenfall. Vom Beginn bis zum Abschluss dauerte es nur vier Wochen.

Selbst wenn unterschiedliche Personen sich widersprechende Vorstellungen davon haben, was passiert, ist es möglich, einfach zu akzeptieren, was gesagt wird und weiterzumachen, ohne dass man herausfinden muss, was die »Wahrheit« ist. Ist das Kind erst einmal wieder in der Schule glücklich, haben die Detailschilderungen vergangener Probleme ohnehin keine Bedeutung mehr.

Die Effektivität von Support-Gruppen

Wenn das zu unterstützende Kind in der Schule wieder glücklich ist, alle Gruppenmitglieder positive Nachbesprechungen hatten, die Eltern zufrieden sind, dass es kein Mobbing mehr gibt, ist die Intervention beendet. Das wichtigste Ergebnis ist, dass das Kind wieder glücklich in der Schule ist. Der Erfolg der Anwendung von Support-Gruppen in Grundschulen, der zunächst von keinem so erwartet worden war, führte zu einer Untersuchung und der Publikation von Ergebnissen der Fälle, in denen eine Support-Gruppe verwendet wurde (Young, 1998).

Normalerweise werden Mobbing-Fälle der Stelle im Schulamt für Anti-Mobbing-Projekte von Eltern angezeigt, wenngleich auch Schulen zunehmend selbst um Hilfe bitten. Zum Zeitpunkt der Untersuchung hatten wir durch lösungsfokussierte Support-Gruppen, wie sie oben beschrieben sind, 50 Fälle bearbeitet und abgeschlossen. Man stellte fest, dass das Mobbing in 47 dieser 50 Fälle (94 %) aufgehört hatte. In 40 dieser Fälle unterblieb das Mobbing, sobald die Support-Gruppe gebildet worden war. In den sieben anderen Fällen traf sich die Suppor-Gruppe zu maximal fünf Besprechungen, bevor die Intervention als vollkommen erfolgreich angesehen wurde. In den drei Fällen, in denen die Schwierigkeiten bestehen blieben, verbesserte sich die Situation – in keinem dieser Fälle wurde das Mobbing stärker.

Die erstaunlichste Erkenntnis aus der Auswertung der Strategie der Support-Gruppe war, wie schnell die Strategie wirkte. In 80% der Fälle stoppte die Bildung einer Support-Gruppe das Mobbing sofort und in 94% der Fälle in weniger als sechs Wochen. Die Strategie erwies sich nicht nur für die große Mehrheit der überwiesenen Fälle als effektiv – sie war auch noch schnell.

Darüber hinaus hat der Einsatz einer Support-Gruppe einen langfristigen Effekt. Mobbing tritt nur in einer sehr kleinen Minderheit der an uns überwiesenen Fälle wieder erneut auf, normalerweise bei Schülern oder Schülerinnen, die nicht in der ursprünglichen Support-Gruppe waren. Auch Mitarbeiter, die in der Schule arbeiten und Support-Gruppen leiten, und in der wohl besten Position sind, Langzeiteffekte zu beurteilen, stellten dies fest. Die Grundsätze von Konfliktlösung sagen uns,

> *In 80% der Fälle stoppte die Bildung einer Support Gruppe das Mobbing sofort und in 94% der Fälle in weniger als sechs Wochen.*

dass ein Win-win-Ergebnis die beste Option ist, besonders deswegen, weil es ein Win-win-Ergebnis wahrscheinlicher macht, eine nachhaltige Lösung hervorzubringen. Es überrascht daher nicht, dass die Strategie einer Support-Gruppe, bei der alle beteiligten Schüler und Schülerinnen Gewinner sind, nachweislich über einen langen Zeitraum hin nachhaltig ist.

Eine Support-Gruppe zu leiten ist eine Strategie, die für die Mitarbeiter und Mitarbeiterinnen der Schule gut zugänglich ist. Eine Vielzahl von Mitarbeitern und Mitarbeiterinnen an Schulen hat dies bereits erfolgreich ausprobiert und, was wichtig ist, dies bereits beim ersten Versuch. An einer Schule, die sich entschlossen hatte, diesen Ansatz regelmäßig zu verwenden, durfte ich die beeindruckenden Berichte, die eine »Teaching Assistant« über eine Vielzahl von Fällen erstellt hatte, einsehen. Sie zeigten eine sogar noch höhere Erfolgsrate.

De Shazer (1985) benutzte die Metapher des Schlüssels, um die Charakteristik lösungsfokussierter Lösungen zu beschreiben. Dietriche passen in viele Schlösser. Auf dieselbe Art und Weise wie Dietriche nicht mit der Komplexität individueller Schlösser übereinstimmen – sie müssen nur einfach passen – sind lösungsfokussierte Strategien nicht so kompliziert wie die

Probleme, die sie lösen. Der Support-Gruppen-Ansatz funktioniert wie ein Dietrich. Er eröffnet die Lösung, obwohl es unendlich viele Unterschiede zwischen den individuellen Fällen gibt. Ein Lösungsschlüssel muss nicht hundertprozentig mit dem Problem zusammenpassen. Um zu einer Lösung zu führen, muss er nur funktionieren.

Schüler und Schülerinnen als Partner und Partnerinnen

Schüler und Schülerinnen reagieren sehr positiv, wenn sie gebeten werden, an einer Gruppe teilzunehmen. Wenn sie eine Mitarbeiterin oder einen Mitarbeiter der Schule unterstützen sollen, werten sie das als Zeichen von Vertrauen und Verantwortung. Die oben erwähnte »Teaching Assistant« hatte den Vorteil, dass sie sich für die Leitung der Support-Gruppen Zeit nehmen konnte. Nach einer Inspektion waren ernste Bedenken in Bezug auf die Sicherheit der Kinder an der Schule aufgetaucht und so war es selbstverständlich, dass sie sich die Zeit nehmen durfte. Mit der Zeit wurden die Schüler und Schülerinnen mit der Strategie so vertraut, dass sie die »Teaching Assistant« von sich aus darauf ansprachen, wenn sie eine neue Gruppe für ein anderes Kind bilden wollten. Statt andere Kinder wegen Mobbing zu verpetzen, »petzten« sie, wenn jemand Unterstützung benötigte. Die »Teaching Assistant« bemerkte, dass die Fälle mit der Zeit immer weniger schwerwiegend waren, und führte das darauf zurück, dass die Kinder wahrscheinlich frühzeitiger um Hilfe baten. Die Support-Gruppen hatten die Kinder dazu befähigt, Partner im Kampf gegen Mobbing zu werden.

Verständlicherweise ist es schwer auf den ersten Blick zu glauben, dass jemand, der einen anderen mobbt, sein Verhalten so schnell ändert. Diese Intervention durch eine Support-Gruppe basiert nicht auf einer Theorie, aber es gibt viele Untersuchungen, die im Rückblick erklären, warum sie so gut funktioniert. Man könnte sagen, dass die Theorie irrelevant ist, solange die Strategie funktioniert. Aber es gibt verständlicherweise den Wunsch, in Übereinstimmung mit rationalen Erklärungen zu handeln, anstatt sich auf althergebrachte Weisheit oder Magie zu verlassen.

Wissenschaftler aus der Sozialpsychologie haben die Reaktionen von

Zuschauenden untersucht und Faktoren identifiziert, die wahrscheinlich hilfreichem Verhalten förderlich sind (Brewer & Crano, 1994; Deaux u. a., 1993, Baron u. a., 1992; in Young, 1998). Dieselben Bedingungen gelten für die Mitglieder der Support-Gruppe. Alle:

- haben zugestimmt, zu helfen
- wissen, dass Hilfe nötig ist
- fühlen sich verantwortlich
- haben eine bestimmte Aufgabe übertragen bekommen.

Zusätzlich verbessert das Arbeiten als Teil einer Gruppe die Möglichkeit für das individuelle Mitglied, hilfreich zu sein, da:

- seine Empfehlungen von der Gruppe akzeptiert worden sind
- selbst wenn nur ein Mitglied der Gruppe am Anfang agiert, andere Mitglieder wahrscheinlich folgen werden
- sein Engagement »öffentlich« ist
- die Zugehörigkeit zu einer erfolgreichen Gruppe das Selbstbewusstsein steigert
- nicht hilfreiches Verhalten für den Rest der Gruppe inakzeptabel ist
- gegenseitige Abhängigkeit beidseitig dienliches Verhalten fördert
- die Gruppe Anerkennung für ihren Erfolg erhält.

Traditionell wird Mobbing als die unfaire Anwendung von Macht durch einen »Mobbing-Täter« oder eine »Mobbing-Täterin« über ein schwaches »Opfer« verstanden und so definiert. Da der Täter oder die Täterin per Definition mächtiger ist als das Opfer, kann man unterstellen, dass es nicht das Ziel von Mobbing sein kann, dass der Täter oder die Täterin mehr Status gewinnt als das Opfer. Bei Mobbing an Schulen sind meistens andere Schüler oder Schülerinnen

Die Theorie ist irrelevant, solange die Strategie funktioniert.

dabei. Die Häufigkeit ihrer Anwesenheit zeigt, dass sie eine wichtige Rolle spielen. Betrachten wir Mobbing in Schulen als soziales Phänomen, kann es als ein Mittel zur Statusgewinnung oder Statusfestigung nicht über das Opfer, sondern über die Zuschauenden verstanden werden.

Wenn Mobbing stattfindet, kann es sein, dass die anderen, die Zuschauer, genauso sorgfältig »ausgewählt« werden wie das Opfer. Mobbing findet nicht statt, wenn mehr starke Schüler oder Schülerinnen, die Mobbing missbilligen, anwesend sind. Generell greifen andere Schüler oder Schülerinnen nicht ein, wenn jemand gemobbt wird; wenn sie es tun, dann eher als Unterstützer des Mobbings. Ihre Untätigkeit oder Unterstützung ermöglicht das Mobbing und verstärkt den höheren Status des Mobbenden. Generell findet Mobbing innerhalb von Gruppen Gleichaltriger zwischen Schülern desselben Jahrgangs oder derselben Klasse statt, deren sozialer Status ständig verstärkt oder herausgefordert wird. Mobbing, wenn auch inakzeptabel, ist ein effektiver und relativ risikoloser Weg, den Status der Schüler oder der Schülerin zu etablieren oder zu behaupten. Beim Mobben oder der Beobachtung von Mobbing vergegenwärtigen sich manche Schüler oder Schülerinnen nicht, welchen Stress es für das Opfer verursacht, da ihre Aufmerksamkeit auf die Reaktion der anderen gerichtet ist (siehe auch Samilvalli, 1999).

Vorrangiges Ziel bei der Gründung einer Support-Gruppe ist, das betroffene Kind wieder in der Schule glücklicher zu machen. Bleibt das Mobbing bestehen, ist es offensichtlich, dass die Gruppe wahrscheinlich gescheitert ist. Jeder, dessen Verhalten das betroffene Kind, warum auch immer, unglücklich gemacht hat, muss sich entscheiden, ob er oder sie sein oder ihr Verhalten fortführen möchte, oder ob er oder sie der Gruppe zum Erfolg verhilft. Eine Hauptrolle am Gruppenerfolg einzunehmen bietet eine alternative Möglichkeit, Status zu erreichen. In dieser positiven Form kann man es sogar Führungsverhalten nennen.

Alle, Opfer, Täter und Zuschauer, sind gewissermaßen in bestimmten Verhaltensmustern zu bestimmten Zeitpunkten und Orten gefangen. Wenn man einen Kontext und die Erwartung einer Veränderung herstellt, wird diese Veränderung bewirkt, und alle profitieren davon. Da die Zuschauer beim Mobbing an Schulen eine besonders wichtige Rolle einnehmen, spielen sie eine ebenso wichtige Rolle bei der Lösung. Unabhängig von der Theorie, die wir verfolgen, besteht eine Theorie lediglich aus vorläufigen Annahmen oder Hypothesen. Und diese sind am hilfreichsten, wenn sie die Fähigkeiten der Schüler und Schülerinnen, Veränderungen herbeizuführen, wertschätzen.

Beispiel 10: *Die Perspektive der Schüler und Schülerinnen*

Wir würden ihnen hier gerne eine Videoaufzeichnung einer Support-Gruppe zur Verfügung stellen. Obwohl eine Videoaufzeichnung über eine Support-Gruppe in Aktion sicherlich sehr nützlich wäre, würde sie jedoch zwangsläufig einen Zeitverlust verursachen, da Einverständniserklärungen von Eltern eingeholt werden müssten und noch eine Vielzahl anderer ethischer Themen auftreten würden. Anstatt dessen wurden Kinder im Nachhinein über Erfahrungen, die sie als Mitglied der Support-Gruppe gemacht haben, interviewt. Alle diese Gruppen wurden von einem Mitglied des Schulkollegiums geleitet. Es wurden sechs Kinder unterschiedlicher Support-Gruppen befragt, ein Kind war Mitglied in drei verschiedenen Gruppen. Auch wenn die Schüler und Schülerinnen immer von der Teilnahme einer Support-Gruppe zu profitieren schienen, war es doch überraschend, wie positiv sie ihre Erfahrungen beurteilten: für das betroffene Kind und für sich selbst.

Alle waren der Ansicht, dass ihre Support-Gruppe dem Kind wirksam geholfen hatte, in der Schule glücklicher zu werden. Auf die Frage, woran sie dies merkten, gab es verschiedene Antworten:

Weil sie nach ungefähr zwei Wochen anfing, Freunde und Freundinnen zu finden … Sie hatte mehr Freunde und Freundinnen und spielte mit ihnen.

Einmal spielten wir zusammen, und sie fragte mich, ob sie gehen könne, um mit ihren anderen Freunden und Freundinnen zu spielen. »Ja, klar!«, sagte ich, und ich habe mich wirklich gefreut, dass sie jetzt mehr Freunde und Freundinnen zum Spielen hat.

- *Er kommt zur Schule … Ich bin in seiner Klasse. Er kommt jetzt fast jeden Tag.*

- *Er hat sich beim Lernen und anderen Sachen verbessert ... früher war er im Lesen und Schreiben nicht gut, er war in der Grundstufe, aber jetzt ist er in der mittleren Stufe.*

- *In den Pausen ist das Mädchen, das sonst sehr traurig war, glücklicher ... Sie lächelt und lacht laut.*

- *Ja, sie ist wirklich glücklich ... als sie hinter mir ging, fragte ich sie, wie es ihr geht, und sie sagte »Hallo«.*

Die Schüler und Schülerinnen wurden befragt, wie sie es fanden, in der Support-Gruppe zu sein:

- *In der Support-Gruppe fühlt jeder, so in sich drin ... dass es ihm für das betroffene Kind leid tut ... du spürst, dass du das keinem anderen antun solltest, weil es nicht besonders nett ist und möchtest nicht, dass dir jemand so etwas antut.*

- *Ich hatte das Gefühl, dass ich etwas gut gemacht habe.*

- *Ich hatte das Gefühl, dass wir besser befreundet sind.*

- *Ich war glücklich als ich sah, dass ich den anderen glücklicher machte.*

- *Ich fand die Treffen gut – ich fühlte mich wichtig.*

Lösungsfokussierte Support-Gruppen hatten diesen Kindern die Möglichkeit gegeben, auf hilfreiche Art auf die betroffenen Kinder zu reagieren, die ihnen wiederum – ganz gerechtfertigt – ein gutes Gefühl gaben.
(Vielen Dank an das Kollegium und die Kinder, die das Video an der Parks Primary School, Hull, ermöglicht haben.)

Die Eltern als Partner miteinbeziehen

Häufig kommt die Beschwerde über Mobbing von einem Elternteil. Den Eltern wird erklärt, dass eine Gruppe von Kindern gefragt wird, ob sie helfen möchte. Diese Gruppe beinhaltet neben Freunden ebenso Mitschüler, die das Kind als schwierig erachtet. Den Eltern wird versichert, dass diese Methode in den meisten Fällen sehr schnell funktioniert und sie schon sehr bald eine Verbesserung bemerken sollten. Es beruhigt die Eltern auch, wenn der Kontakt gehalten wird und sie nach ihrer Meinung zu den Fortschritten während der Intervention gefragt werden. Schließlich kennen ja die Eltern ihr Kind am besten, und ihr Input kann dem Kollegium helfen festzustellen, ob das Kind in der Schule glücklich ist und ob die Gruppe funktioniert hat. Ist die Gruppenleitung eine externe Person, braucht man gegebenenfalls, abhängig von den Grundsätzen der Schule, Einverständniserklärungen der Eltern der Kinder in der Gruppe. Sollte man so eine Einverständniserklärung tatsächlich benötigen, könnte man zum Beispiel folgenden Wortlaut verwenden:

> *Im Moment bilden wir eine Gruppe, um einem Schüler oder einer Schülerin an der Schule zu helfen. Wir hätten gerne Ihren Sohn/Ihre Tochter dabei, weil wir glauben, dass er/sie helfen könnte. Die Kinder übernehmen diese Verantwortung gern. Die Gruppenarbeit wird voraussichtlich drei bis vier Wochen dauern. Es ist uns wichtig, dass Sie als Eltern ebenfalls informiert sind. Sollte ggf. Ihr Sohn/Ihre Tochter etwas von der Gruppenarbeit zu Hause erzählen, wäre es schön, wenn Sie sie bestärken würden. Vielen Dank.*

Eine Information an die Eltern ist nicht nötig, wenn die Support-Gruppen zur Unterstützung einer freundlichen und unterstützenden Gemeinschaft regelmäßig an der Schule praktiziert werden und wenn, was wünschenswert wäre, die Gruppenleitung aus dem Kollegium ist. Einige Schulen stellen Zertifikate an die Gruppenmitglieder aus oder erstellen ein Gruppenfoto, wenn die Gruppe erfolgreich war. Einige Eltern haben die Fotos gerahmt und sie aufgehängt. Einige Schulen veröffentlichen die Fotos am Schwarzen Brett, um für die unterstützende Schulgemeinschaft zu werben. Während Beschwerden über Mobbing die Beziehung zwischen Schule und Eltern (und zwischen Eltern) belasten, unterstützt und verbessert dieser Ansatz eine partnerschaftliche Gemeinschaft.

Weiterführende Schulen

Oft fragen Lehrer und Lehrerinnen, ob Support-Gruppen auch an weiterführenden Schulen funktionieren. Zum Zeitpunkt der oben genannten

Bewertung unserer Fälle, gab es nur wenige Support-Gruppen an weiterführenden Schulen. In die Bewertung wurden sie nicht mit eingeschlossen, da sie keine ausreichende Stichprobe bildeten, um daraus verlässliche Schlussfolgerungen zu ziehen. Allgemein gesagt, wenn Mitarbeiter oder Mitarbeiterinnen von Schulen selbst Support-Gruppen geleitet und sie Feedback darüber gegeben haben, berichteten Sie davon, dass die Interventionen erfolgreich waren.

Beispiel 11:   *Ein Mädchen an einer weiterführenden Schule*

Die Eltern der 14-jährigen Petra wollten gerne wissen, was man tun könne, um ihre Tochter zu unterstützen. Sie erzählten, dass Petra kräftig gebaut, aber nicht fettleibig sei. Sie mache aber bei allen Sportarten, bei denen sie sich umziehen muss, nicht mehr mit. Andere Schülerinnen hatten sich offensichtlich über sie lustig gemacht, besonders über ihren Busen. Die Eltern hatten versucht, die peinliche Situation abzumildern und hatten sich sogar mit einem Arzt besprochen. Zu Beginn reagierte Petras Lehrerin verständnisvoll, verlor aber dann nach Meinung der Eltern die Geduld mit Petra und gab ihr die Schuld dafür, dass sie sich ärgern ließ. Die Eltern beschrieben Petra als sensibel und manchmal als scheinbar eigenbrötlerisch.

Als ich mit Petra in der Schule sprach, nannte sie zwei Mädchen, die sich am meisten über sie lustig machten und vier andere, die normalerweise dabei waren, aber nicht von alleine anfingen. Außerdem nannte sie noch zwei Mädchen, die ihre Freundinnen waren. Die Support-Gruppe bestand aus allen diesen Schülerinnen und wir trafen uns umgehend. Petra war nicht dabei. Wie üblich wurde ein Lehrer der Schule eingeladen, an dem Treffen teilzunehmen. Zuerst war den Schülerinnen meine Beteiligung suspekt. Ich erzählte nichts von Petras Ängsten. Die Vorschläge der Gruppe waren u. a., sich neben Petra in verschiedenen Fächern zu setzen – keiner erwähnte den Sportunterricht – und sich in den Pausen mit ihr zu unterhalten. Eine Schülerin erzählte, dass Petra häufig in der Mittagspause ohne Erlaubnis das Schulgelände verließ. Zwei Mädchen sagten, dass sie

Petra in Ruhe lassen würden, wenn sie ihnen auf die Nerven ginge.
Als ich Petra eine Woche später in der Schule sprach, erzählte sie, dass
es viel besser laufen würde und dass sie zum ersten Mal in diesem
Halbjahr vorhatte, am Sport teilzunehmen. Sie war selbstsicher genug,
da sie seit Gründung der Support-Gruppe nicht mehr geärgert worden
war und die Lehrerin ihr zugesichert hatte, ein Auge auf sie zu haben.
Als ich die Support-Gruppe wieder traf, waren sie zu Beginn ziemlich
ruhig. Ein Teil der Gruppe fehlte wegen einer anderen schulischen Ver-
anstaltung. Ein Mädchen sagte, dass Petra »jetzt in Ordnung sei«.
Alle waren sich einig, dass Petra jetzt mehr erzählte und einige Male
in der Mittagspause in der Schule geblieben war. Zwei Mädchen sag-
ten, dass Petra auf ihre Freundschaft zählen könne. Alle wollten sie
bereitwillig weiter unterstützen. Als ich ihnen zu ihrem Erfolg gratu-
lierte, vermittelten sie den Eindruck, dass sie fanden, es sei ein unbe-
deutendes Problem gewesen.
Ich telefonierte mit Petras Eltern. Sie waren sehr erfreut, dass Pet-
ra nun weniger ängstlich war und dass sie sogar fröhlich über die
Schule sprach, was schon lange nicht mehr vorgekommen war. Sie
gaben ihrer großen Überraschung über diese Entwicklung Ausdruck
und gaben zu, dass sie nicht wirklich geglaubt hatten, dass sich etwas
verändern würde und schon gar nicht so schnell.

Trotz einiger Erfolge bleiben doch ein paar Bedenken bei der Nutzung von Support-Gruppen an weiterführenden Schulen, auch unter der Leitung von schulinternen Lehrern und Lehrerinnen, bestehen. Mitunter weigern sich Teenager hartnäckig, bei irgendetwas mitzumachen, das miteinschließt, dass sie mit jemandem reden müssen. Wenn die Schüler und Schülerinnen älter werden, müssen sie auch stärker miteinbezogen und informiert werden und zu jedweder Intervention ihre Zustimmung geben. Oft kann Widerstand als ein Zeichen gedeutet werden, dass man mit der Situation anders umgehen muss.

Wenn Fälle wegen Mobbing an weiterführenden Schulen an mich verwiesen wurden, hatten sie manchmal einen sehr ernsten Hintergrund haben.

Beispielsweise ist in einem Fall ein Mädchen sexuell angegriffen worden, in einem anderen Fall wurde jemand mit einem Messer bedroht. In diesen Beispielen wurde die Polizei eingeschaltet. Eine Support-Gruppe wäre für solche Fälle nicht zu empfehlen, zumindest keine Gruppe mit einem Mitglied, gegen das von der Polizei ermittelt wird.

Oft kann Widerstand als ein Zeichen gedeutet werden, dass man mit der Situation anders umgehen muss.

Das nächste Kapitel beschreibt lösungsfokussierte Interviews als Arbeitsmittel bei einzelnen Schülern, die Schwierigkeiten haben. Diese Art individueller Intervention hat sich als sehr wirksam gezeigt, besonders in Situationen, in denen aus irgendwelchen Gründen Support-Gruppen, besonders an weiterführenden Schulen, nicht angemessen sind.

Zusammenfassung

Die Mitarbeiter und Mitarbeiterinnen an den Schulen gehen tagtäglich erfolgreich mit Mobbing um, aber Schwierigkeiten können auftreten, ohne dass klar ist, was gerade passiert. Selbst wenn es offensichtlich ist, wollen Lehrer und Lehrerinnen häufig nicht das Risiko eingehen, die Angelegenheit zu erschweren, indem sie Unmut verursachen, wenn sie das Problem offen angehen.

Lösungsfokussierte Support-Gruppen richten ihre Aufmerksamkeit auf die erwünschte Zukunft und lassen dabei die Schwierigkeiten hinter sich. Das Wissen der Schüler und Schülerinnen über ihr Leben an der Schule macht sogar schon junge Schüler und Schülerinnen zu Experten dafür, welche kleinen, aber signifikanten Handlungen sie vornehmen können, um ein anderes Kind an der Schule glücklich zu machen, und sie schätzen es, wenn sie die Gelegenheit bekommen, diese Handlungen auch umzusetzen.

An weiterführenden Schulen gibt es möglicherweise Umstände, die den Einsatz von Support-Gruppen verhindern. In diesen Fällen hat sich der Einsatz individueller lösungsfokussierter Gespräche als wirksam erwiesen. Das nächste Kapitel beschreibt diese Art der Intervention.

Kapitel Sechs: Individuelle Interviews

Einleitung

Kapitel Eins skizzierte die Haupteigenschaften lösungsfokussierter Praxis, die de Shazer und sein Team anhand der Arbeit mit Klienten und Familien identifiziert hatten. Dieses Kapitel veranschaulicht diese Eigenschaften anhand von Beispielen von Dialogen aus dem Kontext der Unterstützung eines Schülers oder einer Schülerin, der oder die Schwierigkeiten mit Mobbing hat. Darauf werden Ergebnisse dieser Art Interventionen geschildert. Sie stammen aus einem Anti-Mobbing-Projekt, in dem lösungsfokussierte Interviews zum Programm gehörten. Im Anschluss finden Sie noch Literaturempfehlungen und einen Index der Werkzeuge und Beispiele.

Lösungsfokussierte Gespräche

In sachkundigen lösungsfokussierten Gesprächen sind alle gestellten Fragen und Kommentare des Interviewers oder der Interviewerin diszipliniert und zielgerichtet. Die Kompetenz des Interviewers oder der Interviewerin liegt in der Formulierung einer Reihe von Fragen, die häufig eng auf die vorherigen Antworten des Klienten oder der Klientin aufbauen. Der Fokus liegt darauf, die erfolgreiche Vergangenheit des oder der Interviewten zu identifizieren und mit der gewünschten Zukunft zu verbinden. Die allerwichtigste Annahme während des Interviews ist, dass die Schüler und Schülerinnen die Experten und Expertinnen für ihr eigenes Leben sind und sie alle die Stärke und persönlichen Qualitäten haben, die sie benötigen, um ihr Leben in der Schule mehr so zu gestalten, wie sie es sich wünschen. Die Geschicklichkeit des Interviewers oder der Interviewerin liegt darin, diese Kompetenz der Schüler und Schülerinnen in den Vordergrund zu stellen und ihnen kleine, aber signifikante Veränderungen aufzu-

> *Die Schüler und Schülerinnen sind die Experten und Expertinnen für ihr eigenes Leben.*

zeigen, die helfen, sie voranzubringen. Verschiedene Arten der gewöhnlich verwendeten Fragen wurden für hilfreich erachtet. Auf den folgenden Seiten finden sich beispielhaft Auszüge aus typischen lösungsfokussierten Konversationen aus ersten, späteren und abschließenden Sitzungen.

Einen Anfang finden

Zu Beginn ist es hilfreich, den Schüler oder die Schülerin in ein problemfreies, leichtes und positives Gespräch einzubinden. So wird der Eindruck vermittelt, dass der Interviewer oder die Interviewerin mehr am Schüler oder der Schülerin als am Problem interessiert ist, und es unterstellt, dass es im Leben des Schülers oder der Schülerin problemfreie Bereiche gibt, und so ist es ja tatsächlich auch. Ein bewusster und absichtsvoller Fokus auf den Kompetenzen ist nützlich, da der Interviewer oder die Interviewerin von Anfang an auf mögliche Stärken und Ressourcen achten wird. Stellt man den Schülern und Schülerinnen leicht zu beantwortende Fragen, hilft dies, eine kooperative Haltung aufzubauen und mildert die Nervosität des Schülers oder der Schülerin.

Interviewer oder Interviewerin: Hallo! Was hast du während des Regenwetters am Wochenende gemacht?
Schüler: Nicht viel.
    I: Nicht viel? ... Was hast du denn so hauptsächlich gemacht?
    S: Fernsehen geguckt.
    I: Was guckst du gerne?
    S: Fußball.
    I: Magst du eine Mannschaft besonders?
    S: Manchester ...
    I: Oh, Manchester? Wie steht's im Moment um die Mannschaft?
    S: Ganz gut.
    I: Kann ich gerade einmal ein paar Dinge checken? Ich glaube du bist in der achten Klasse, oder?
    S: (Nickt)
    I: Und dein Tutor ist ...?

S: Herr Schmidt.

I: Ja ... Danke ... Herr Schmidt (macht sich Notizen) ich mache mir nur schnell ein paar Notizen von den Dingen, die wichtig sind, damit ich nichts vergesse ... okay?

S: (Nickt)

Manche ziehen es vor, sich während des Interviews keine Notizen zu machen. Sich einige Details zu notieren, kann aber eine nützliche Merkhilfe für später auftretende Stärken und Erfolge sein. Das Notieren ist auch eine stille Demonstration dessen, was der Zuhörer für wichtig erachtet. Abgesehen von organisatorischen Dingen, wie z.B. Name und Lehrer oder Lehrerinnen, dient das Aufschreiben dazu, Interessen, Kompetenzen oder Strategien, die gut funktioniert haben, als das Problem weniger oder gar nicht aufgetreten ist, hervorzuheben. Es ist hilfreich, wenn die Schüler und Schülerinnen die Notizen sehen können. Der Hauptteil des Dialogs ist auf Seiten des Interviewers oder der Interviewerin durch Fragen gekennzeichnet. Wahrscheinlich ist die Art der Fragen für den Schüler oder die Schülerin unerwartet. Deshalb ist es wichtig, langsam voranzugehen und den Schülern und Schülerinnen viel Zeit zum Überlegen zu geben, bevor sie antworten.

I: So ... in welchen Fächern in der Schule bist du denn gut?

S: Err ... Fußball ... und Kunst.

I: Ja natürlich, Fußball ... und Kunst ... Was habt ihr denn kürzlich in Kunst gemacht, was dir Spaß gemacht hat?

S: Wir haben gemalt ...

I: Ah ... also magst du malen? Was hast du denn kürzlich gemalt, was dir so richtig gut gefallen hat?

Was kannst du gut? ist eine gute Frage für den Beginn. Wie so häufig in lösungsfokussierten Interviews macht diese Frage ganz bewusst eine anerkennende Unterstellung: Es gibt etwas, was der Schüler oder die Schülerin gut kann. (Vergleichen Sie dies mit einer ähnlichen Frage mit einer anderen Unterstellung: *Kannst du irgendetwas gut?*, was meistens zu einem »Nein« als Antwort führt.) Die Frage erinnert den Schüler oder die Schülerin an

139

Zeiten, in denen das Leben besser war, möglicherweise an Zeiten, in denen es das Problem nicht gab oder es nicht so stark war. Dies sind alles Gebiete, die der Interviewer oder die Interviewerin weiter erforschen kann, oder er oder sie macht einen Vermerk und kommt später darauf zurück.

> I: Okay, ich habe Herrn Schmidt so verstanden, dass er glaubt, dass die Dinge für dich im Moment in der Schule nicht so glücklich laufen. Stimmt das?
> S: Mmm.
> I: Ich möchte dir helfen – bist du damit einverstanden?
> S: Ja.
> I: Okay, ich werde dir viele Fragen stellen. Ich möchte noch mehr herausfinden, was du gut kannst und was passiert, wenn die Dinge besser für dich laufen ... okay?
> S: Hmmm, ja ...

Oft ist ein natürlicher Einstieg in das Gespräch, herauszufinden, wie es zustande gekommen ist. Meistens kommt die Anfrage für das Gespräch nicht von der Schülerin oder dem Schüler selbst.

Es ist hilfreich, die genannten Probleme zu externalisieren, in diesem Fall, indem man Redewendungen wie »die Situation ist nicht so glücklich« eher als »du bist unglücklich« verwendet und die Zeitschiene durch »im Moment« begrenzt. Man sollte keine Annahmen darüber treffen, was das Problem verursacht hat. Es ist zudem respektvoll, nach der Erlaubnis zu fragen, weitermachen zu dürfen. Das bringt einen in die Position der Kooperation mit dem Schüler oder der Schülerin, besonders da es an Schulen die generelle Regel gibt, dass es von den Schülern und Schülerinnen erwartet wird, mit den Mitarbeitern der Schule zu kooperieren.

Ziele

Es ist wichtig, früh im Interview ein Ziel zu formulieren oder wenigstens eine Richtung auf die erstrebte Zukunft des Schülers oder der Schülerin. Obwohl es zu diesem Zeitpunkt ziemlich vage sein kann, ist es wichtig, ein

Ziel im Hinterkopf zu behalten. Ansonsten ist es schwierig zu beurteilen, ob die Sitzungen wirklich dahingehend effektiv waren, eine erwünschte Veränderung zu bewirken. Dieses Ziel kann während der ersten und der weiteren Sitzungen als Prüfstein angesehen werden, oder entsprechend angepasst werden. De Shazer war der Ansicht, dass das Fehlen eines klaren Zieles der häufigste Grund für Misserfolg in der Arbeit war. Je

> *Das Fehlen eines klaren Zieles ist der häufigste Grund für Misserfolg in der Arbeit.*

mehr sich das Gespräch entfaltet, desto mehr Details einer erwünschten Zukunft entwickeln sich und darauf kommt man dann später zurück. Es ist einfach zu unterstellen, dass wir schon wissen, was der Schüler oder die Schülerin möchte. Aber nur der Schüler oder die Schülerin selbst weiß wirklich, wie er oder sie sich das Leben an der Schule vorstellt und wie er oder sie bemerkt, dass er oder sie dieses Leben erreicht hat. Diese Art der Zielsetzung ist eine Art, den Schüler oder die Schülerin zu bestätigen und zu ermutigen, Experte und Expertin für sein eigenes Leben zu sein.

I: Was möchtest du denn, das besser wird?

S: Ich werde gemobbt ... ich möchte, dass sie aufhören mich zu mobben.

I: Ja, natürlich, das muss schwierig sein ... Und wenn sie damit aufhören ... welchen Unterschied macht das dann für dich in der Schule?

S: Sie würden mich nicht mehr mobben ... ich wäre glücklicher ...

I: Glücklicher, ja, das verstehe ich gut ... also was machst du anders, wenn du glücklicher bist?

S: Ich könnte mit meiner Arbeit weitermachen.

I: Okay ... also wenn du glücklicher wärst, wie bist du dann in der Lage, deine Arbeit weiterzumachen?

S: Ich könnte mich besser auf meine Arbeit konzentrieren ... und sie fertigmachen.

I: Ich verstehe ... in welchem Fach würdest du das zuerst merken – dass du glücklicher und konzentrierter bei der Arbeit bist?

Oft liegt der Wunsch in der Abwesenheit einer Sache, z. B. Mobbing, die außerhalb der direkten Kontrolle des Schülers oder der Schülerin liegt. In diesem Fall sollte beschrieben werden, was stattdessen passiert. Für den Schüler oder die Schülerin ist es hilfreicher, wenn der Fokus auf Aktionen liegt, die er oder sie unter Kontrolle hat. In diesem Fall wird der Schüler oder die Schülerin ermutigt zu beschreiben, wie das Glücklichsein sein oder ihr Verhalten beeinflusst.

Skalierung

Die Skalierung wird in der lösungsfokussierten Praxis häufig genutzt. Wie bereits in den vergangenen Kapiteln aufgezeigt, klärt Skalierung die aktuelle Position und bereitet eine Basis, von der aus der Fortschritt in den zukünftigen Sitzungen und insgesamt durch den Schüler oder die Schülerin gemessen werden kann. Der niedrigste Parameter sollte eine Position unterhalb der gegenwärtigen Position des Schülers oder der Schülerin darstellen, Zehn das angestrebte Ziel der Sitzung. (Ich ziehe die Eins der Null vor, um von Anfang an zu zeigen, dass es immer etwas gibt, auf das aufgebaut werden kann.)

Skalierung klärt die aktuelle Position

> I: So, wir haben jetzt eine Vorstellung davon, wie die Situation im Moment ist ... auf einer Skala von Eins bis Zehn (zeichnet eine Linie auf ein Papier und markiert die Enden jeweils mit Eins und mit Zehn. Der Schüler oder die Schülerin kann, wenn er mag, darauf zeigen). Eins ist das Schlimmste, was du dir vorstellen kannst – die Hölle. Zehn ist, wenn du in der Schule glücklich bist und mit deiner Arbeit vorankommst. Wo würdest du dich im Moment sehen?
>
> S: Irgendwo in der Mitte – Vier oder Fünf.
>
> I: Sagen wir eine Vier, okay? (Er macht einen Punkt auf der Linie.)
>
> S: Ja.

Die Zehn sollte eher realistisch als herausfordernd sein (z. B. nicht: so glücklich wie du dir nur jemals vorstellen kannst) und Eins sollte unterhalb des Punktes sein, wie die Dinge im Moment sind. Der Satz: »Stell dir das Schlimmste überhaupt vor« impliziert, dass die Eins sich unterhalb der jetzigen Situation befindet. Definiert man die Eins und Zehn sehr sorgfältig, hilft dies dem Schüler oder der Schülerin, seine oder ihre aktuelle Position irgendwo dazwischen, idealerweise mittig, festzulegen. (Sollte der Schüler trotzdem die Null oder Eins festlegen, ist es besser, mit Coping-Fragen weiterzumachen, siehe auch weiter unten.) Einige Schüler und Schülerinnen finden es hilfreich, eine tatsächlich auf Papier gemalte Linie zu betrachten, während sie über ihre Antworten zur Skalierungsfrage nachdenken. Sie können für sich eine Markierung auf der Skala vornehmen und dann darüber entscheiden, wie hoch der Wert ist. In erster Linie ist die Skalierung eine wirkungsvolle Art, das Gespräch auf vergangene oder gegenwärtige Erfahrungen zu konzentrieren, in denen das Problem weniger vorhanden war.

Die erfolgreiche Vergangenheit

Unmittelbar nach der Skalierung folgt eine Frage, die in etwa: »Warum ist der Punkt so hoch?« ausdrückt. Normalerweise zeigt die auf der Skala gewählte Position, dass es einige, relativ positive Zeitpunkte gab, die erforscht werden sollten, indem der Interviewer oder die Interviewerin seine oder ihre neugierige Einstellung beibehält und nach immer mehr Einzelheiten fragt:

> I: Eine Vier ... das ist gut ... Was machst du denn schon, dass du auf eine Vier kommst ... und nicht, sagen wir, auf eine Drei?
>
> S: Hmm ... ich habe ein, zwei Freunde ...
>
> I: Das ist toll, wie heißen sie?
>
> S: Jackson und Curtis.
>
> I: Was unternimmst du gerne mit deinen Freunden, Jackson und Curtis?
>
> S: Fußball spielen.

> I: Ah ja ... wann hast du denn die Möglichkeit, mit ihnen Fußball zu spielen?
>
> S: In den Pausen oder manchmal in der Mittagszeit.
>
> I: Also du spielst in den Pausen oder mittags gern Fußball? Was magst du besonders an Curtis, warum ist er eine gute Wahl als Freund?
>
> S: Na ja, Fußball spielen ... und er unterhält sich mit mir, manchmal chillen wir zusammen nach der Schule ...

Häufig bauen die Fragen auf die vorangegangenen Antworten des Schülers oder der Schülerin auf, indem seine oder ihre eigenen Worte in der nächsten Frage wiederholt werden. Diese Worte sind für den Schüler oder die Schülerin besonders bedeutungsvoll, und es ist respektvoll, die eigene Sprache des Schülers oder der Schülerin zu benutzen, anstatt das Gesagte umzuformulieren. In diesem Fall – einige Freunde zu haben, Fußball zu spielen, nach der Schule zusammen chillen – suggerieren diese Ideen positive Bahnen, die man verfolgen und weiter erforschen sollte. Wenn sie über diese Ereignisse sprechen, vielleicht auch über diese Ausnahmen, impliziert ihre Beschreibung Hinweise auf Fähigkeiten, Stärken und persönliche Ressourcen, auf die man sich stützen kann, um auf der Skala höherzusteigen.

Es ist respektvoll, die eigene Sprache des Schülers oder der Schülerin zu benutzen, anstatt das Gesagte umzuformulieren.

Fragen »aus der Perspektive anderer Personen« sind sehr nützlich, um noch mehr Stärken und Qualitäten hervorzulocken, wenn der Schüler oder die Schülerin eine Person erwähnt, die eine positive Beziehung mit ihm zu haben scheint. Die Fragen aus der Perspektive Dritter schaffen einen indirekten Weg, diese Qualitäten zu loben und bringen sie dadurch in das Bewusstsein des Schülers oder der Schülerin. So werden sie für die Zukunft verfügbar gemacht.

> I: Mich würde ja interessieren ... wenn ich Curtis frage, was er an dir mag, was er an eurer Freundschaft schätzt – was würde er wohl sagen?

S: Wahrscheinlich dasselbe ... Fußball spielen, zusammen quatschen und zusammen lachen.

I: Also du lachst manchmal zusammen mit Curtis, ja? Das mag er an dir?

S: Ja ... manchmal.

I: Das ist toll ... Also, gute Freunde und zusammen lachen bringt dich im Moment auf eine Vier. Was machst du sonst noch, dass es eine Vier und keine Drei oder Zwei ist?

Konzentriert man die Aufmerksamkeit auf das, was die Schüler oder Schülerinnen tun und was allgemein während der Zeit, in der es für sie besser läuft, passiert, verstärkt das diese Erfahrungen und macht es wahrscheinlicher, dass sie es häufiger tun. Es birgt auch Informationen, die für sie später nützlich sind, wenn sie im Interview ein Bild ihrer erwünschten Zukunft entwerfen. Wenn ein bestimmtes Thema ausreichend untersucht worden ist, kann man eine neue Richtung einschlagen, indem man zur Skala zurückgeht und fragt: »Was noch macht deine Position auf der Skala so hoch, wie sie im Moment ist?«

Häufig haben die Schüler oder Schülerinnen in der Schule jemanden, an den sie sich wenden können, wenn sie Probleme haben. Auch diese Person kann für Perspektivwechselfragen verwendet werden. Bitte beachten Sie aber in dem folgenden Beispiel, dass der Schüler oder die Schülerin nicht gefragt wird, worüber er gesprochen hat – dies würde vermutlich zu der Beschreibung des Problems führen –, sondern er wird gefragt, was von dem Gespräch an sich für ihn nützlich war.

I: Was hat dir noch geholfen, auf eine Vier zu kommen?

S: Als ich geärgert wurde, habe ich das Frau Lloyd erzählt.

I: Ah, stimmt, gut, also wie hat dir das geholfen?

S: Einfach mit jemandem sprechen zu können ... sie hat gesagt, ich kann zu ihr kommen, wenn ich mag ... sie ist nett ...

I: Einfach mit ihr sprechen zu können, wenn du magst ... es scheint, als ob sie sich um dich kümmert und du ihr wichtig bist ... ich würde gerne wissen, was ihr sagt, dass ,du ihr diese Zeit Wert bist?

S: Ich weiß nicht ... ich glaube sie freut sich, wenn die Dinge für mich besser laufen.

I: Ja, da bin ich mir sicher. Kannst du mir ein Beispiel sagen, als sie sich gefreut hat ... als die Dinge für dich besser gelaufen sind?

S: Sie hat sich gefreut, als ich in Mathematik ein Zertifikat bekommen habe.

I: Oh! Du hast in Mathematik ein Zertifikat bekommen – das ist ja toll! Für was genau hast du es in Mathe bekommen?

S: Dafür, dass ich meine Arbeit schneller erledigt habe, als alle anderen ...

I: Wirklich? Das hast du toll gemacht. Wie hast du es geschafft, deine Arbeit so schnell zu erledigen?

S: Ich bin einfach damit klar gekommen ... ich habe auf das Heft geschaut und es gemacht.

I: Wow! Gut gemacht! Es scheint, wenn du dich einmal dafür entschieden hast, etwas zu tun, dann bist du auch fest entschlossen?

Ein Kompliment wie hier in eine Frage zu verpacken, macht es einfacher, es anzunehmen. Wenn Schüler oder Schülerinnen Schwierigkeiten in der Schule haben, kann es sein, dass der Fokus von Gesprächen häufig auf den Schwierigkeiten liegt und keine Zeit und Aufmerksamkeit mehr dafür da ist, über die Stärken und persönlichen Qualitäten des Schülers oder der Schülerin zu sprechen. Lösungsfokussierte Gespräche stellen das Gleichgewicht dadurch wieder her, dass die Bedeutung jedweder positiver Erfahrung vergrößert wird.

Jegliche Erfolgsgebiete, nützliche Stärken und persönliche Qualitäten können später noch auf das Gebiet der gewünschten Zukunft angewendet werden. In diesem Beispiel ist Entschlossenheit eine sehr nützliche Qualität, auf die man die Aufmerksamkeit lenken sollte. Zum Ende

Ein Kompliment in eine Frage zu verpacken, macht es einfacher, es anzunehmen

der Sitzung kann man dies nochmals anmerken und in Verbindung mit jedweden Vorschlägen, die gemacht wurden, bringen.

Der Punkt auf der Skala, auf dem sich Schüler und Schülerinnen zu Anfang einordnen, ist ja irgendwie ein Mittelwert. Daher kann ein weiteres Hilfsmittel die Frage danach sein, was zu dem Zeitpunkt passiert, wenn sie auf der Skala höher sind. Obwohl das logischerweise dasselbe ist, wenn man fragt, warum man auf der jetzigen Zahl steht, hilft diese andere Form der Frage, dass andere Antworten auftauchen können.

> I: Ich kann mir vorstellen, auch wenn du im Großen und Ganzen bei einer Vier bist, dass es Momente gibt, wo du höher als Vier bist. Woran merkst du das dann?
>
> S: Ja ... manchmal ... manchmal ist es okay ... wenn ich mit meinen Freunden zusammen bin ... wenn sie mich in Ruhe lassen ...
>
> I: Okay ... wenn sie dich in Ruhe lassen ... was für Dinge machst du dann gerade?
>
> S: Also das passiert normalerweise, wenn ich mit meinen Freunden Fußball spiele oder wenn ich an meinen Aufgaben arbeite ... ich ignoriere sie.
>
> I: Oh! ... Du schaffst es, sie manchmal zu ignorieren?
>
> S: Ja ...
>
> I: Das ist bestimmt nicht einfach ... Wie schaffst du das?
>
> S: Ich beachte sie einfach nicht ... Ich konzentriere mich auf das, was ich gerade mache ... Ich tue so, als ob ich sie nicht höre.
>
> I: Also ... sie nicht beachten, dich auf das konzentrieren, was du gerade tust, nicht hinhören ... das alles hilft dir?
>
> S: Ja ...
>
> I: Was hilft dir sonst noch?
>
> S: Ich spreche mit meinen Freunden ...

Die Schüler und Schülerinnen sollen ermutigt werden, exakt zu formulieren, was sie tun, wenn die Dinge besser laufen, selbst wenn es zuerst scheint, dass man auf nichts bauen kann, was die Schüler oder Schülerinnen getan haben oder zumindest nicht bewusst. Es ist besonders hilfreich, wenn die Schüler und Schülerinnen beschreiben, was sie tun, wenn das Problem auftreten könnte, es aber nicht auftritt. Häufig berichten Schüler und Schülerinnen, dass sie nicht so oft gemobbt werden, wenn sie mit ihren Freunden zusammen sind oder wenn sie arbeiten. Eventuell haben sie bisher nicht die Möglichkeit gehabt, darüber nachzudenken. Man sollte die Aufmerksamkeit auf diese möglichen Strategien richten, die manchmal wirken und die sie bewusst in der Zukunft nutzen können. Eine Bekräftigung der wirkungsvollen Aktionen und Wertschätzung der vorhandenen Ressourcen sind kraftvoller als Ratschläge, von denen der Interviewer oder die Interviewerin denkt, dass sie hilfreich wären. Sobald die erfolgreiche Vergangenheit auf diese Art und Weise untersucht worden ist, bietet sie ein Sprungbrett für die Beschreibung dessen, was in der Zukunft passieren soll.

Beispiel 12: *Eine sehr kurze Begegnung*

> *Lösungsfokussierte Gespräche müssen nicht lang sein. Die Skalierung bietet eine Zusammenfassung, wo Schüler oder Schülerinnen stehen, ohne die Gründe dafür erklären zu müssen. Eines Tages, als ich gerade meinen Arbeitstag in einer Grundschule begann, überraschte mich ein Mädchen, mit dem ich einige Monate zuvor gearbeitet hatte und sagte:*
>
> *C: Hallo! ... Ich bin jetzt auf einer Acht.*
> *SY: Eine Acht! Wie hast du das denn geschafft?*
> *C: Ich habe hart gearbeitet.*
> *SY: Ausgezeichnet! Das hast du gut gemacht! (Mit einem Lächeln ging sie weiter und winkte mir zum Abschied.)*

> *Einen Schritt weiter auf der Skala zu gehen, ist ein kleiner, aber signifikanter Fortschritt.*

> *Es berührt einen, wenn sich die Jugendlichen für die gegebene Hilfe bedanken; aber lösungsfokussierte Arbeit hat eine noch höhere Belohnung: ihr Selbstbewusstsein, weil sie wissen, dass sie alles selbst gemacht haben.*

Coping-Fragen

Bisweilen sagt ein Schüler oder eine Schülerin, dass er oder sie auf der Skala bei einer Eins ist, oder in einer Folgesitzung, dass er oder sie niedriger auf der Skala ist als vorher. Auch wenn es keinen Bedarf gibt nachzufragen, wie es ihnen geht oder was passiert ist, dass sie niedriger auf der Skala sind, sollte man, bevor man weitermacht, die Schwierigkeiten zur Kenntnis nehmen. Coping-Fragen, danach wie der Schüler oder die Schülerin es schafft, diese Situation auszuhalten, ist in dieser Situation sehr nützlich, da es das Vorhandensein von Ressourcen impliziert und die Aufmerksamkeit auf Strategien lenkt, die in Zukunft hilfreich sein können.

I: Wo stehst du im Moment auf der Skala?

S: Eins.

I: Hmm! Das ist bestimmt hart für dich ...

S: Es ist fürchterlich ...

I: Ja, ich verstehe ... Hmm! Wie schaffst du es, das irgendwie auszuhalten und in die Schule zu gehen?

S: Ich versuche einfach, sie zu ignorieren.

I: Das kann nicht einfach sein – wie machst du das?

S: Ich schaue weg ... ich tue so, als ob ich sie nicht höre ... ich konzentriere mich auf das, was ich gerade tue ...

I: Sehr gut! ... Das ist manchmal bestimmt ganz schön schwer. Wenn du es schaffst, dich auf das zu konzentrieren, was du gerade tust, was macht das für einen Unterschied?

S: Manchmal geben sie auf ...

I: Wenn du so tust, als ob du sie nicht hörst?

S: Frau Lloyd hat mir geraten, sie einfach zu ignorieren. Sie sagt, sie sind eifersüchtig.

I: Stimmt, das verstehe ich ... und wenn du es schaffst, sie zu ignorieren, was machst du außerdem noch?

S: Err ... ich spreche mit meinen Freunden.

> I: Ah, sehr gut! Also wenn du mit deinen Freunden sprichst, wie hilft dir das?
>
> S: Sie sagen: »Komm mit – lass uns woanders hingehen ...«
>
> I: Und das hat dir geholfen? Das ist super ... das hast du sehr gut gemacht!

Jede Strategie, die für den Schüler oder die Schülerin in schwierigen Situationen hilfreich ist, ist es wert, im Detail untersucht zu werden. Häufig nennen die Schüler und Schülerinnen »ignorieren«. Natürlich ist es schwierig, etwas, was einen verletzt, einfach zu ignorieren. Deshalb hilft die Frage nach dem, was sie genau tun, wenn sie etwas ignorieren. Es ist wichtig herauszufinden, auf was sie stattdessen ihre Aufmerksamkeit richten. Die meisten Strategien wie Ignorieren sind manchmal hilfreich und manchmal nicht. Deshalb ist es wichtig nachzufragen, was der Schüler oder die Schülerin exakt getan hat oder wie die Umstände waren, als die Strategie erfolgreich war. Dies birgt die Möglichkeit neuer Aktionen innerhalb ihrer Kontrolle, die sie bewusst übernehmen können. Wenn jemand bemerkt, dass etwas, das er unterlassen hat, geholfen hat, ist es generell hilfreich, ihn zu fragen, was er stattdessen getan hat.

Erwünschte Zukunft

Obwohl über die bevorzugte Zukunft bei der Zielsetzung der Sitzung bereits gesprochen wurde, bietet die Skalierung eine Strategie, um noch mehr nützliche Details über die erwünschte Zukunft zu eruieren. Dies geschieht typischerweise mit der Frage danach, was geschehen wird, wenn der Schüler oder die Schülerin eine Stufe weiter auf der Skala ist. Die Frage lautet nicht: »Wie kommst du auf eine Fünf?« Viel besser ist es, nach einer Beschreibung dessen zu fragen, was anders ist, wenn er oder sie auf einer Fünf ist, oder woran er oder sie bemerkt, dass er dort ist.

> I: Okay, sagen wir, wir treffen uns nächste Woche wieder, und du erzählst mir, dass du jetzt auf einer Fünf bist. Was zeigt dir, dass du jetzt auf einer Fünf bist?

S: Ich bin ein bisschen glücklicher ...

I: Ja, das stimmt, ein bisschen glücklicher ... was machst du anders, im Vergleich zu heute, wenn du ein bisschen glücklicher bist, gerade auf einer Fünf?

S: Ich rede mehr mit meinen Freunden ... ich glaube, ich werde weiter mit meiner Arbeit vorankommen ...

I: Okay, ich verstehe ... erzähle mir ein bisschen mehr darüber, mit den Freunden zu reden ... worüber, glaubst du, wirst du mehr mit ihnen reden?

S: Fußball ... Arbeit ... eigentlich alles ...

I: Klasse ... und weiter mit deiner Arbeit vorankommen ... woran merkst du, dass du es schaffst, mit deiner Arbeit voranzukommen ... genug, um auf eine Fünf zu kommen?

S: Ich werde mit meiner Arbeit fertig ... ich schaffe mehr ...

Einen Schritt weiter auf der Skala zu kommen, ist ein kleiner, aber signifikanter Fortschritt und wahrscheinlich gab es schon in der Vergangenheit solche Fortschritte. Die Aufrechterhaltung einer neugierigen, »nicht wissenden« Haltung (De Jong & Berg, 2008) ist der Kern lösungsfokussierter Arbeit. Obwohl die Interviewer und Interviewerinnen ihre eigenen Ideen haben, ist der Schüler oder die Schülerin der oder die Einzige, der oder die solche Fragen mit Kompetenz beantworten kann, da der Schüler oder die Schülerin der einzige Experte in seinen oder ihren eigenen Lebenserfahrungen ist. Auf dieselbe Art und Weise wie oben kann jeder Vorschlag bis ins Detail erkundet, überdacht und weiterentwickelt werden, solange dies produktiv ist.

Eine andere hilfreiche Methode, die Beschreibung der Unterschiede zu ermöglichen, ist sich vorzustellen, es gäbe eine Video-Aufzeichnung.

I: Gut, ja! Stell dir vor, du bist dann glücklicher und eine Kamera filmt dich, wenn du auf der Fünf bist ... Was sehe ich in dem Film, was anders ist und mir zeigt, dass du auf einer Fünf bist?

S: Ich quatsche mit meinen Freunden ... ich lache und habe Spaß ...

I: Du lachst ... das ist toll! Miteinander quatschen ... und Spaß haben ... was sehe ich noch?

S: Ich arbeite mehr ...

I: Ja, wirklich? Wie sehe ich das im Film?

S: Ich schreibe ... oder beantworte Fragen ...

I: Ah! Fragen beantworten – du beantwortest mehr Fragen, stimmt's?

S: Ja.

I: Wie schaffst du das genau?

S: Ich höre dem Lehrer zu und denke über die Antwort nach ...

I: Was zeigt mir im Film, dass du zuhörst und über die Antwort nachdenkst?

S: Ich melde mich und antworte.

Die Beschreibung eines Films lenkt den Schwerpunkt auf die Beschreibung des Verhaltens statt auf die Beschreibung von Gefühlen, da sie aus der Sicht einer dritten Person stattfindet. Da Verhalten und Gefühle voneinander abhängen – unsere Gefühle beeinflussen unsere Handlungen, unsere Handlungen wirken sich auf unsere Gefühle aus – und wir generell annehmen, dass Verhalten stärker als Gefühle der persönlichen Kontrolle unterliegen, ist es hilfreicher, die Aufmerksamkeit eher auf die Veränderungen in den erkennbaren Aktionen als auf Gefühle und Gedanken zu richten. Lehrer oder Lehrerinnen wissen, dass es die Aufmerksamkeit der Schüler und Schülerinnen verbessert, wenn sie den Lehrer oder die Lehrerin anschauen und ruhig sitzen. Genauso hilft es dem Schüler oder der Schülerin, wenn er oder sie die äußeren Anzeichen bemerkt, die mit positiven Gedanken und Gefühlen verbunden sind.

Je detaillierter und genauer die gewünschte Zukunft beschrieben wird, umso wahrscheinlicher benutzt der Schüler oder die Schülerin sie als mentale Generalprobe für die tatsächliche Zukunft. Jüngere Schüler oder Schülerinnen fordert der Interviewer oder die Interviewerin auf, ihre Ideen sofort zu zeigen, z. B. »Kannst du mir jetzt zeigen, was du machst, wenn du in der Klasse gut zuhörst? ... Ah, ich sehe, du sitzt gerade und schaust nach vorne ... du bleibst ruhig und leise, ja, das nenn' ich mal ausgezeichnetes Zuhören, super!«

Stellt man lösungsfokussierte Fragen, ist es nicht ungewöhnlich, als erste

Antwort »Ich weiß nicht« zu bekommen. Die Fragen sind nicht zwangsläufig sofort leicht zu beantworten, und Fragen zur gewünschten Zukunft
gleiten in den Bereich von Spekulationen ab. Jede Vorstellung des Schülers
oder der Schülerin ist wertvoll, solange sie optimistisch und realistisch ist,
da sie auf dem basiert, was der Schüler oder die Schülerin bereits schon
weiß. Dem Schüler oder der Schülerin muss genug Zeit zum Nachdenken,
Spielen, Raten, Staunen und Ausmalen zugestanden werden.

I: Großartig! ... Und wenn du auf der Fünf bist, wer bemerkt, dass
du dich meldest?

S: Möglicherweise bemerkt es der Lehrer ...

I: Wirklich ... du bist gut! ... Welcher Lehrer oder welche Lehrerin
wird als Erstes deine Veränderungen in der Klasse bemerken?

S: Hmmm ... Ich weiß nicht ...

I: Vielleicht hast du eine Vermutung?

S: Frau Schmidt vielleicht.

I: Hmmm! Warum denkst du, dass Frau Schmidt die Erste sein
könnte?

S: Sie lobt oft, wenn jemand gut arbeitet.

I: Oh! Das ist nett! Kannst du dich daran erinnern, als sie dich
schon einmal gelobt hat?

S: Ja ... sie sagte, ich hätte eine gute Arbeit gemacht.

I: Ausgezeichnet! Eine gute Arbeit gemacht, super! Weshalb war sie
so gut?

Oder/Und: Wie hast du das gemacht?
Oder/Und: Was hat das für dich verändert?
Oder/Und: Wer wird es noch bemerken, wenn du auf einer Fünf bist?

Beobachtet man einen erfahrenen Interviewer oder eine erfahrene Interviewerin, scheint er oder sie immer die nächsten besten Fragen zu kennen. Wie
in diesem Beispiel gibt es Alternativen. Je nachdem, welchen Weg man wei-
terverfolgen möchte, können andere Fragen gestellt werden. Trifft man eine
Entscheidung, hilft es dem Interviewer oder der Interviewerin, die anderen

Möglichkeiten zu notieren, um später, wenn er oder sie will, wieder darauf zurückzukommen. Der einzige Weg, eine gute Frage zu erkennen, ist, auf die Antworten zu hören (de Shazer, 1994).

Die Wunderfrage

Im Allgemeinen wird die Wunderfrage in der lösungsfokussierten Praxis als Werkzeug genutzt, um das Problem hinter sich zu lassen und zu einer Beschreibung der gewünschten Zukunft zu gelangen. Ähnliche Fragen können rund um die Vorstellung »eines guten Tages« gebildet werden. Allgemein kann man sagen, dass die Effekte der Wunderfrage dieselben wie eine Zehn auf der Skala sind, nämlich wenn das Leben in der Schule so ist, wie es sich der Schüler oder die Schülerin erträumt.

Die Effekte der Wunderfrage sind dieselben wie eine Zehn auf der Skala.

Die Wunderfrage ist keine einfache Frage, die gut gestellt sein will und es macht Sinn, den Schüler oder die Schülerin zu warnen, dass nun eine ungewöhnliche Frage kommt. Sie muss langsam gesprochen und gut in Szene gesetzt werden und man muss kontrollieren, ob alles verstanden wird, während sie sich entfaltet.

I: Ich möchte dir eine ungewöhnliche Frage stellen. Sie ist nicht leicht zu beantworten. Du bist gut darin, meine Fragen zu beantworten, über diese solltest du nachdenken, okay?

S: Ja.

I: Stelle dir vor, dass der restliche Tag ganz normal ist ... es ist ein normaler Abend. Du gehst ins Bett und schläfst ein. Okay?

S: Ja.

I: Und während du schläfst ... geschieht ein Wunder! Das Wunder ist, dass du in der Schule glücklich bist, einfach so! Am nächsten Morgen wachst du auf. Du weißt nicht, dass das Wunder passiert ist, als du geschlafen hast, verstehst du?

S: Ja.

I: So ... die Frage ist ... am nächsten Morgen ... was bemerkst du am nächsten Morgen zuallererst, dass dir zeigt, dass das Wunder geschehen ist? Was ist anders?

Es ist eine faszinierende Frage: der Schüler oder die Schülerin wird aufgefordert, sich bildlich vorzustellen, wie sein oder ihr Leben tatsächlich einen Tag nach dem Wunder, wenn das Problem verschwunden ist, aussähe. Die Fragen werden bewusst, obwohl sie über die Zukunft sind, in der Gegenwartsform gestellt: *Was ist anders?* statt *Was wäre/wird anders?* Der Effekt ist, dass auch die Antworten in der Gegenwartsform gegeben werden, die Beschreibungen sind unmittelbar und wirkungsvoll.

Durch die Nutzung der Sprache des Schülers oder der Schülerin und die Fokussierung auf den Unterschied im Leben, nachdem das Wunder geschehen ist, können die Fragen jeden Aspekt, den der Schüler oder die Schülerin erwähnt, neugierig beleuchten und mehr und mehr Details darüber ans Licht bringen, wie das Leben nach dem Wunder aussieht. Das Erste, was bemerkt werden wird, ist wahrscheinlich das Fehlen des Problems. Es ist gerade die Wirkung der Abwesenheit des Problems auf seinen Tag, die dem Schüler oder der Schülerin hilft, sich die Situation auszumalen und vorherzusagen.

I: Was bemerkst du als allererstes?

S: Sie mobben mich nicht mehr.

I: Stimmt ... also morgen ... was ist bei dir anders?

S: Ich bin glücklich ... Ich freue mich darauf, zur Schule zu gehen ...

I: Du freust dich darauf, zur Schule zu gehen? Woran merkst du das?

S: Ich lächele und mache mich rechtzeitig für die Schule fertig ...

I: Ich würde gerne wissen, wer sonst noch bemerkt, dass das Wunder geschehen ist?

S: Ich denke, dass es meine Mutter bemerken würde ... sie müsste mir nicht sagen, dass ich mich für die Schule fertigmachen muss ...

I: Oh stimmt! Klasse ... was würde sie stattdessen sagen?

S: Ich weiß nicht ... »Du hast heute noch Zeit zum Frühstücken!«

I: Das ist toll ... also, du lächelst, bist rechtzeitig für die Schule fertig und hast noch Zeit zum Frühstücken. Was macht das für einen Unterschied, wenn du noch frühstückst?

S: Ich unterhalte mich mit meiner Mutter ... vielleicht helfe ich ihr, Butterbrote zu schmieren ...

I: Du hilfst deiner Mutter, ja? Das hört sich gut an. Was bemerkt sie sonst noch, was nach dem Wunder anders ist?

S: Ich bin froh, in die Schule zu gehen ...

I: Wie bemerkt sie das?

S: Sie sieht mich lächeln und quatschen.

I: Was macht das für sie für einen Unterschied?

S: Sie braucht sich keine Sorgen zu machen, was in der Schule so abgeht.

I: Stimmt, für sie ist es also auch gut?

S: Ja.

I: Was passiert morgen, am Wundertag, als nächstes?

S: Ich treffe mich mit Freunden und wir spielen auf dem Schulhof Fußball ...

I: Ah ja, du spielst Fußball ... wenn du mit deinen Freunden Fußball spielst, was ist daran, morgen, nach dem Wunder, anders?

S: Wir lachen ...

Wie schon früher im Interview gezeigt, sind Perspektiven von Dritten hilfreich, um die Unterschiede auszumalen. In diesem Interview wird eine neue Perspektive durch die Zuhilfenahme der Mutter aufgezeigt. Jedes denkbar winzige Detail des Unterschieds wird erforscht – was ist am Morgen beim Aufstehen anders, ist ein gutes Beispiel dafür, wie man kleinste Unterschiede, die einen großen Unterschied ausmachen (Shennan, 2003) herauskitzeln kann. Je detaillierter die Beschreibungen sind, desto wahrscheinlicher wird der Schüler oder die Schülerin Aspekte des Wunders bemerken, die bereits geschehen sind, oder Teile, die er oder sie in der nahen Zukunft umsetzen kann.

Beispiel 13: *Eine Wunderfrage*

Als ein Klient von Insoo Kim Berg behauptete, dass ein Wunder geschehen müsse, damit ihre gemeinsame Sitzung hilfreich sei, entstand die Wunderfrage. Insoo fragte weiter, was anders wäre, wenn tatsächlich ein Wunder geschehen würde. Diese faszinierende Frage befähigt die Klienten, sich vorzustellen

> *Die Wunderfrage bringt überraschende Antworten zutage.*

und darüber zu sprechen, was in ihrem Leben ohne das Problem – in der gewünschten Zukunft – anders wäre, ohne zu berücksichtigen, wie es dazu kommen konnte. Die Wunderfrage bringt überraschende Antworten zutage. Ich benutze diese Frage bei meinen Schulinterviews nicht routinemäßig. Ich tendiere dazu, wenn ich das Gefühl habe, etwas ins Stocken gekommen zu sein. In diesem Fall stellte ich einem 13-jährigen Jungen, der besonderer schulischer Förderung bedurfte, die Wunderfrage in der vierten Sitzung. So, wie es gelegentlich passiert, benahm sich der Schüler, als wenn er buchstäblich wach geworden sei, er blinzelte, öffnete seine Augen, schaute umher, als ob er suchte, was jetzt anders sei.

SY: *... Also morgen früh ... was bemerkst du als Erstes, das dir zeigt, dass das Wunder, du bist in der Schule glücklich, geschehen ist?*

B: *(Pause) Sie mobben mich nicht!*

SY: *Stimmt, du bist in der Schule glücklich. Was bemerkst du als Allererstes an dir, das anders ist?*

B: *(Lange Pause) Ich kann das Alphabet ...*

Obwohl ich über diese Antwort ziemlich verblüfft war, stellte sich heraus, dass das Alphabet etwas war, von dem er der Meinung war, dass er es wissen und lernen sollte. Ich fragte weiter nach mehr Einzelheiten ...

SY: *Was ist morgen nach dem Wunder sonst noch anders ... wenn du in der Schule glücklich bist?*

B: *Ich benutze meine laute Stimme ...*

SY: *Deine laute Stimme?*

B: *Ja, ich habe eine laute Stimme ...*

SY: *Wirklich? Das ist interessant. Darf ich einmal deine laute Stimme hören?*

B: *Das klingt ungefähr so! (Mit seiner lauten Stimme deutlicher und stärker)*

SY: *Wow, du hast ja eine tolle laute Stimme! (Beide lachen)*

Am Ende der Sitzung schrieb ich ihm das Alphabet auf eine Karteikarte. Bei unserer nächsten Sitzung war er sehr stolz, dass er das Alphabet mit seiner lauten Stimme auswendig aufsagen konnte. Er sagte mir, dass er sich darüber freue, das Alphabet jetzt zu können, und dass er seine laute Stimme häufiger benutzt hatte. Auf der Skala, glücklicher in der Schule zu sein, war er einen Schritt weitergekommen.

Abschlussphase

Der Interviewer oder die Interviewerin gibt dem Schüler oder der Schülerin ein Feedback mit Komplimenten über seine oder ihre persönlichen Qualitäten und Wertschätzung der genutzten Ressourcen.

Ein lösungsfokussiertes Interview endet üblicherweise mit der erneuten Bestätigung des Ziels oder der Richtung, die der Schüler oder die Schülerin nehmen möchte. Der Interviewer oder die Interviewerin gibt dem Schüler oder der Schülerin ein Feedback mit Komplimenten über seine oder ihre persönlichen Qualitäten und Wertschätzung der genutzten Ressourcen, die in der Vergangenheit geholfen haben und die ihn oder sie in der Fähigkeit, weitere Fortschritte zu machen, stärken. Vorschläge zu möglichen weiteren Schritten basieren darauf, mehr von dem zu tun, was funktioniert und beziehen sich auf die Beschreibung der idealen Zukunft und das Ziel der Sitzung.

I: Okay ... Das ist toll ...Ich habe viele Fragen gestellt, und du hast ausgezeichnete Antworten gehabt! Ich kann verstehen, dass du in der Schule glücklicher sein möchtest und mit deiner Arbeit besser vorankommen möchtest, stimmt's?

S: Ja.

I: Ich bin beeindruckt, wie du es geschafft hast, weiterhin mit deinen Freunden zu sprechen und mit ihnen Fußball zu spielen, auch wenn es manchmal schwierig für dich war. Ich bin auch sehr von deiner Entschlossenheit, besonders wenn du in der Klasse arbeitest, beeindruckt.

S: (Nickt)

I: Ich möchte gerne, dass du beobachtest ... wenn du auf einer Fünf auf der Skala bist ... was du sonst noch anders machst? Und ich möchte, dass du dir das bis zum nächsten Mal merkst ...

S: Mmmh!

I: Was denkst du darüber? Wie viel Zeit, glaubst du, musst du dir dafür geben?

S: Vielleicht eine Woche ...

I: Okay, super! Was hältst du davon, wenn wir uns in ungefähr einer Woche wieder treffen und du mir dann erzählst, was dir aufgefallen ist?

Es ist nicht unüblich, in der ersten Sitzung eine »Beobachtungsaufgabe« zu stellen. Fordert man jemanden auf, etwas Spezielles zu beobachten, passiert es wahrscheinlich häufiger, oder man bemerkt es wenigstens häufiger als vorher. In diesem Beispiel könnte ein Vorschlag sein, weiterhin Fußball zu spielen, oder häufiger mit den Freunden zu sprechen, oder sogar zu helfen, das Schulbrot zuzubereiten. Genauso wie bei Fragen, kann man erst im Nachhinein, in der nächsten Sitzung, herausfinden, ob die Vorschläge nützlich waren. Zum Schluss verabredet man sich wieder mit dem Schüler oder der Schülerin für einen Zeitpunkt seiner oder ihrer Wahl, wenn es für ihn oder sie am hilfreichsten ist, üblicherweise, wenn er oder sie genug Zeit gehabt hat, die Vorschläge auszuprobieren.

Folgesitzungen

Die folgenden Sitzungen folgen ähnlichen Regeln wie die erste. Nach einer kurzen problemfreien Unterhaltung fokussiert sich der Hauptteil der Unterhaltung darauf, »was besser ist«. Es gibt eine große Wahrscheinlichkeit, dass irgendetwas zwischen den Sitzungen für den Schüler oder die Schülerin besser war. Stellt man dem Schüler oder der Schülerin eine Frage, erinnert er oder sie sich daran, was es ist. Wurden Vorschläge aus vorangegangenen Sitzungen nicht in die Tat umgesetzt, kann man davon ausgehen, dass sie zu diesem Zeitpunkt für den Schüler oder die Schülerin nicht hilfreich waren und kann sie getrost vergessen.

In den meisten Fällen stufen sich die Schüler oder die Schülerinnen auf der Skala höher ein. Dies hilft ihnen, sich an Fortschritte zu erinnern. Um die Fortschritte zu verstärken, werden ähnliche Strategien wie in der ersten Sitzung genutzt: weiterhin neugierig nach noch mehr Details fragen, herausragende Beispiele, Sichtweisen anderer Personen, Beschreibung einer Videoaufnahme usw.

I: Hallo. Ich freue mich, dich wiederzusehen. Wie hat Manchester diese Woche gespielt?

S: Hi! Sie haben gewonnen!

I: Oh, Klasse! Nun, lass mal gucken ... Was ist, seit ich dich das letzte Mal gesehen habe, besser?

S: Es war okay ...

I: Gut! Das ist super ... was war okay?

S: Ich war glücklicher ...

I: Das ist ja toll für dich ... ausgezeichnet! Lass uns mal auf die Skala schauen ... letzte Woche warst du bei einer Vier, stimmt's? (nickt) Was glaubst du, wo du jetzt bist?

S: Ich bin jetzt auf einer Sechs.

I: Wow, das ist fantastisch. Was hast du unternommen, das dir zeigt, dass du jetzt auf einer Sechs bist?

Der Standpunkt auf der Skala kann sich auf das Ziel beziehen: Wo befindet es sich im Moment auf der Skala? Oder auf die Person: Wo befindest du dich im Moment auf der Skala? Sobald sich ein Fortschritt zeigt, neige ich dazu, die Messung auf die Person zu beziehen. Gelegentlich sinkt die Position auf der Skala. Im Falle von Rückschritten beginnt die Sitzung mit Coping-Fragen. Sie dienen als Verstärkung dessen, wie es der Schüler oder die Schülerin geschafft hat, nicht noch tiefer zu rutschen oder wie er oder sie es geschafft hat, auf dem Niveau zu bleiben.

I: ... Letzte Woche warst du bei einer Vier, stimmt's? (nickt) Wo bist du heute?

S: Ungefähr bei einer Drei ...

I: Ah, eine Drei, das ist angesichts der Schwierigkeiten, die du hattest, verständlich. Wie hast du es geschafft, dass es bei einer Drei geblieben und nicht noch tiefer gerutscht ist?

S: Ich habe versucht, dass sie mich nicht noch mehr ärgern.

I: Gut gemacht! Du hast versucht, dass sie dich nicht noch mehr ärgern? Wie hast du das hinbekommen?

Sobald eine Schwierigkeit als solche erkannt worden ist, ist es möglich, sie vorsichtig zur Seite zu schieben und weiterzufragen: Was ist besser gelaufen? Es ist absolut möglich, dass es einige gute Zeitpunkte oder Ausnahmen gab, obwohl der Standpunkt auf der Skala gesunken ist. Wird die Frage danach nicht gestellt, hat der Schüler oder die Schülerin keine Möglichkeit, über sie zu sprechen.

I: Hmm ... also, obwohl es einige harte Zeiten gab ... du bist damit wirklich gut umgegangen. Also, wenn wir das gerade mal zur Seite schieben ... Was ist ansonsten besser gelaufen?

S: Ich bin mit meiner Arbeit weiter vorangekommen ... Ich habe noch ein Zertifikat in Mathe bekommen ...

I: Das ist ja toll ... Wie hast du das Zertifikat bekommen?

S: Indem ich meine ganze Arbeit geschafft habe ...

I: Ja? Das ist ausgezeichnet ... Was hat deine Lehrerin gesagt?

Wenn ein Fortschritt erzielt wurde, ist es wichtig, das Ziel des Interviews im Kopf zu behalten, um dem Schüler oder der Schülerin dabei zu helfen, zu bemerken, dass das von ihm oder ihr gewünschte Ergebnis erreicht worden ist, wenigstens zu einem zufriedenstellenden Grad.

I: Ich freue mich darüber, wie du es geschafft hast, dich selbst in der Schule glücklicher zu machen ... mich würde interessieren ... wo, glaubst du, stehst du auf der Skala, wenn du mich nicht mehr treffen möchtest?

S: Vielleicht so bei einer Acht ...

I: Gut! Also wenn du dann bei einer Acht bist ... was ist dann bei dir anders?

S: Sie werden mich überhaupt nicht mehr ärgern.

I: Ja, okay, das verstehe ich ... und inwiefern verhältst du dich dann anders?

An jede lösungsfokussierte Sitzung sollte so herangegangen werden, als sei sie die letzte.

Die meisten Schüler und Schülerinnen schätzen sich nicht auf einer Zehn ein, wenn sie mit ihrem Leben in der Schule zufrieden sind. Häufiger enden die Sitzungen, wenn sie bei einer Sieben oder Acht sind.

Abschlusssitzung

An jede lösungsfokussierte Sitzung sollte so herangegangen werden, als sei sie die letzte. Dennoch kann man in der letzten Sitzung besonders gut dazu beitragen, dass sich die Widerstandskraft des Klienten erhöht, falls es nicht schon zu einem früheren Zeitpunkt Thema war. Die Schüler und Schülerinnen werden aufgefordert, vorherzusagen, wie sie ihr Wissen, wieder auf den richtigen Weg zu kommen oder zu bleiben, nutzen, wenn es in der Zukunft wieder ähnliche Schwierigkeiten geben sollte.

I: Was zeigt dir, dass du es schaffst, es beizubehalten, in der Schule glücklicher zu sein?

S: Ich glaube ich bin jetzt nicht so besorgt ...

I: Ja, das ist gut! Und nicht so besorgt zu sein, wie hilft dir das?

S: Ich lasse mich von den Dingen nicht so nerven ...

I: Mich würde interessieren, wenn dich die Dinge eines Tages wieder anfangen zu nerven, wie zuversichtlich bist du, dass du aufhören kannst, dich zu sorgen und wieder auf den richtigen Weg zurückkommst?

S: Ja, ich bin zuversichtlich ... es geht mir jetzt gut!

Die Abschlusssitzung hilft den Schülern und Schülerinnen, ihre eigenen Stärken, Kompetenzen und was sie über sich selbst gelernt haben, zu reflektieren, einschließlich ihrer Fähigkeiten, dorthin zu gelangen, wohin sie sich wünschen. Ihr Selbstvertrauen für die Zukunft wird bestärkt, indem man sie für das, was sie getan haben, wertschätzt.

I: Ich freue mich sehr, dass du jetzt bei einer Acht bist – und ich bin zuversichtlich, dass es dir gut gehen wird – du hast so viel getan, du verdienst es, so glücklich in der Schule zu sein, wie du es im Moment bist. Was glaubst du, hat dir von den Dingen, die du getan hast, am meisten geholfen?

S: Nun ... err ... ich glaube, das zu tun, was ich möchte ...

I: Wirklich! Das ist interessant! Zum Beispiel ...?

S: Wenn ich mit jemandem sprechen möchte, tu ich es einfach. Es ist mir egal, was andere denken ...

I: Du hast recht, das ist gut! Was noch?

Wenn sich der Schüler oder die Schülerin auf der Skala nach oben bewegt und das Schulleben mehr so ist, wie er oder sie es sich wünscht, sollten die Sitzungen beendet werden. Wenn der Schüler oder die Schülerin das Ziel der Sitzungen erreicht hat oder zuversichtlich ist, es bald selbst hinzubekommen, sollte der Helfende zur Seite treten. Gemäß de Shazer sollte die Anzahl der Sitzungen »groß genug und keine mehr« sein.

Beispiel 14: Eine letzte Sitzung

Dies ist das Transkript der vierten und letzten Sitzung, in der Gail Holdorf einen 15-jährigen Schüler abschließend interviewt. Es ist ein großartiges Beispiel dafür, wie jemand, der in lösungsfokussierten In-

terviews trainiert ist, ein Mobbing-Opfer befähigen kann, hilfreiche Selbsterkenntnis zu erreichen:

GH: Eine Acht oder Neun! Oh, das ist wirklich gut! Wie hast du das geschafft?

S: Ich würde sagen dieselben Dinge, die ich bereits getan habe, und ich habe auch gelernt, wie ich sie ignorieren kann oder so halt einfach mitmache. Wenn sie sagen »Lachst du?«, sag ich »Ja, hast du ein Problem damit?«, verstehst du, sie einfach auf den Arm nehmen.

GH: Genau!

S: Genau, und wenn sie irgendetwas sagen, tust du es mit einem Lachen ab.

GH: Gut, und das funktioniert?

S: Sachen, auf die ich mich freue ...

GH: Ja?

S: Freunde ... in der Nähe von denen bleiben, sie unterstützen mich.

GH: Ja?

S: Ignorieren.

GH: Ja?

S: Mmm, einfach versuchen, nicht zum falschen Zeitpunkt in ihrer Nähe zu sein. Sagen wir, wenn es einen Streit gibt, versuchen, nicht mit reingezogen zu werden.

GH: Ja, das scheint eine gute Idee zu sein ... ignorieren ... nicht reingezogen werden. Siehst du dich selbst noch höher als Acht/Neun oder bist du so zufrieden ...?

S: Ende der Woche sollte ich da sein.

GH: Okay. Wo wirst du, glaubst du, Ende der Woche sein?

S: Zehn.

GH: Zehn! Okay! Gut!

S: Ich glaube, es wird viel besser werden, weil die anderen immer (... nicht klar ...)

GH: Okay, also offensichtlich funktioniert das, was du tust ... offensichtlich hast du die Dinge gelöst...?

S: Sozusagen vertraue ich den anderen jetzt. Ich weiß auch nicht warum, aber ...

GH: *Wirklich? Richtig ...*

S: *Früher habe ich nie jemandem vertraut. Wenn ich mit anderen befreundet war, habe ich ihnen nicht getraut, wenn sie gesagt haben »Hast du Lust, in die Stadt zu kommen?« habe ich ihnen nicht geglaubt, weil ich das Gefühl hatte, dass sie mich wahrscheinlich hängenlassen ... aber jetzt vertraue ich ihnen.*

GH: *Gut ... und wie hilft dir das jetzt?*

S: *Ich denke, dass das hilft, weil, wenn du jemandem vertrauen kannst, zeigt das, dass sie immer für dich da sind, nicht nur wenn sie zusammengeschlagen werden oder so.*

GH: *Ja, es funktioniert in beide Richtungen, oder? Wenn sie merken, dass du ihnen vertraust, vertrauen sie dir genauso. Die Beziehung wird besser. Ja, das verstehe ich – oh, ja, das ist gut! Ja, ausgezeichnet! Gut, und du fühlst dich jetzt gut? Dass du da bist und dich gut fühlst?*

S: *Ja!*

GH: *Ja, ausgezeichnet! Ich finde, wir brauchen nicht mehr...*

S: *... Also ich glaube, es war so, wie es halt ist in der Schule ... weil ich auch so sein kann ... ich gebe zu, ich könnte ... mich mit jemandem anfreunden ... aber wenn ich das Gefühl habe, dass sie etwas Falsches machen, kann ich einfach abhauen, ebenso wie sie.*

GH: *Also, was glaubst du, ist jetzt besser? Wieso hast du das Gefühl, dass du jetzt besser damit umgehen kannst? Was ist jetzt anders?*

S: *Weil jetzt jeder ähnlich ist, ich kann den Flur entlang gehen, ohne Angst zu haben und versuchen mich zu verdünnisieren, wenn ich Leute sehe. Ich kann jetzt mit ihnen sprechen.*

GH: *Gut.*

S: *Ich weiß, dass ich Unterstützung von den Lehrern und Lehrerinnen und meinen Freunden und Freundinnen bekommen habe ... meiner Mutter und so. Also ich finde, es ist gut.*

GH: *Sehr gut, ich bin sehr zufrieden. Ich finde, du hast das ganz toll gemacht. Du hast viele Strategien gefunden und offensichtlich funktionieren sie.*

S: *Ja.*

Ergebnisse

In der Evaluation aller Überweisungen an ein Anti-Mobbing-Projekt inner-
halb eines Jahres wurden die Ergebnisse der lösungsfokussierten Interviews
detailliert geprüft (Young & Holdorf, 2003). Gail Holdorf, die damalige
Anti-Mobbing-Koordinatorin, leitete alle Interviews, die in der Evaluation
erfasst worden sind. Dreiviertel der Interviews fanden mit Schülern und
Schülerinnen von weiterführenden Schulen statt. Man entschied sich, die
Skala der Schüler und Schülerinnen, statt der der Eltern oder Lehrer oder
Lehrerinnen als Mittel für die Bewertung, ob das Ergebnis erfolgreich war,
zu verwenden. Das Kriterium für »Erfolg« war, dass die Schüler und Schülerinnen auf der Skala bis zu dem Punkt fortgeschritten waren, an dem sie
entschieden, dass sie keiner Unterstützung mehr bedurften. Obwohl dies
das zuverlässigste Mittel für messbaren Erfolg darstellte, bedeutete es, dass
26 Einzelsitzungen aus der Evaluation herausgenommen werden mussten,
obwohl viele davon erfolgreich waren. Das Ergebnis der restlichen wird in
dieser Grafik dargestellt:

Ergebnis: Lösungsfokussierte Interviews

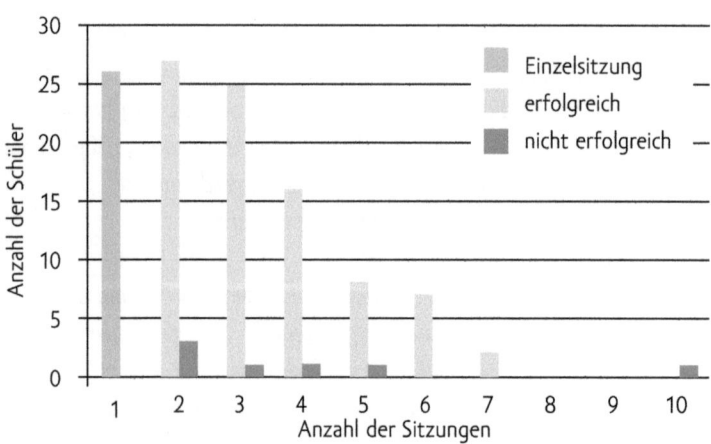

92 Fälle wurden in Hinblick darauf untersucht, ob die Schüler und Schülerinnen auf ihrer Skala Fortschritte machten, bis zu dem Punkt, dass sie in der Schule glücklich waren. 85 Fälle (92 %) waren vollkommen erfolgreich und hatten durchschnittlich 3,4 Sitzungen benötigt. Das Ergebnis wurde als »nicht erfolgreich« gekennzeichnet, wenn die Schüler oder Schülerinnen keinen Punkt erreichten, an dem sie das Gefühl hatten, keine Unterstützung mehr zu benötigen. In diesen sieben Fällen hatten einige Schüler oder Schülerinnen dennoch auf ihrer Skala Fortschritte gemacht, und keiner war auf seiner Skala niedriger als am Anfang.

Als grobe Orientierung kann man sagen, dass die erste Sitzung mit einem Schüler oder einer Schülerin normalerweise ungefähr 30 Minuten dauert, die folgenden Sitzungen ungefähr 15 Minuten. Im Allgemeinen wird die zweite Sitzung ungefähr eine Woche nach der ersten anberaumt. Von da an können die Zeitspannen gedehnt werden, abhängig davon, was der Schüler oder die Schülerin als hilfreich erachtet.

> *Als grobe Orientierung kann man sagen, dass die erste Sitzung ... ungefähr 30 Minuten dauert, die folgenden Sitzungen ungefähr 15 Minuten.*

Obwohl lösungsfokussierte Interviews für Schüler und Schülerinnen eine sehr effektive Unterstützung bieten, gibt es weiterhin Fälle von Mobbing, die durch die Mitarbeiter der Schule wie üblich behandelt werden. Lösungsfokussierte Interviews geschehen nicht als Ersatz, sondern zusätzlich zu den normalen Mitteln der Schule im Kampf gegen Mobbing.

Beispiel 15: *»Ben«*

> *Bens Eltern machten sich Sorgen, da sich das Verhalten ihres Sohnes, seit er die weiterführende Schule besuchte, verändert hatte und er sich zurückzog. Seine Leistungen hatten sich verschlechtert. Sie fanden, dass er wahrscheinlich intelligenter und sauberer war als der »Durchschnitt der Kinder« an der Schule. Er hatte Freunde in der Schule, aber seine Eltern waren der Ansicht, dass er sich manchmal durch sein Verhalten anderen gegenüber möglicherweise selbst in Schwierigkei-*

ten brachte. Der Lehrer berichtete, dass Ben in der Schule attackiert worden war. Einmal war er auf dem Flur zu Boden geschubst und von mehreren Kindern wiederholt getreten worden. Die Polizei war zweimal über gravierende Vorfälle informiert worden, weiter war noch nichts unternommen worden. Er war in eine andere Klasse versetzt worden, aber seine Lehrer und Lehrerinnen machten sich Sorgen, dass sie ihn nicht schützen konnten, besonders nicht während der Mittagspause und zwischen den Stunden. In der vorangegangenen Woche wurde ihm erlaubt, nach den letzten Vorfällen nach Hause zu gehen. In der letzten Schule hatte es keine Schwierigkeiten gegeben. Der Lehrer war der Meinung, dass er isoliert war und sein Selbstvertrauen gesteigert werden müsste.

Als ich Ben traf, wünschte er sich, dass »er sein Leben normal weiterführen könne«. Wenn Zehn bedeutet »das Leben normal weiterführen können« und Eins »das Schlimmste, was man sich vorstellen kann« ist, ordnete sich Ben bei einer Fünf ein. Er erzählte mir vom Unterricht, den er gerne mochte und was bei ihm während dieser Stunden anders war – er lächelte dann und hatte Spaß an der Arbeit. Wenn die Pausen positiv verliefen, ging er normalerweise draußen herum oder spielte mit den anderen. Ich forderte ihn auf, sich zu merken, was sonst noch in den guten Pausen anderes passierte.

In der nächsten Woche sagte Ben, dass er mit »mein Leben normal weiterführen können« auf einer Vier war (einen Punkt niedriger) – obwohl er in der Schule glücklicher war. Er hatte mehr mit Freunden in der Pause gespielt, indem er einfach gefragt hatte, ob er mitmachen dürfte. Er war außerdem zusammen mit einem Freund einer Nachmittags-AG beigetreten. Er ordnete sich in der Skala für »mein Leben in der Schule normal weiterführen können« bei einer Sechs ein. Ich telefonierte mit seiner Mutter, um zu erfahren, wie sie dachte, dass es ihm geht. Sie war eher vorsichtig, fand aber, dass er weniger ängstlich schien und er in dieser Woche keine Probleme in der Schule erwähnt hatte.

Bei der nächsten Sitzung ordnete er sich auf der Skala für »mein Leben in der Schule normal weiterführen« bei einer Sieben ein. Als ich ihn fragte, wie er denn das geschafft habe, erzählte er, dass er mehr mit seiner Mutter gesprochen hatte, und dass dies dazu beigetragen hatte, dass er in der Schule glücklicher sei. Wir verabredeten ein Treffen in 14 Tagen. Unterdessen spielte er weiterhin mit seinen Freunden und er fügte hinzu, dass er sich von Orten in der Schule fernhalten würde, an denen er Schwierigkeiten bekommen könnte. Ich verfolgte nicht weiter, warum das dort so sein könnte. Ich akzeptierte lediglich, dass er wusste, dass das eine gute Idee sein könnte und beglückwünschte ihn, dass er daran gedacht hatte.

In der vierten Sitzung stufte er sich in der Schule bei einer Zehn ein. Er spielte weiterhin in den Pausen mit seinen Freunden und traf sich jetzt auch vermehrt nach der Schule mit Freunden. Er schien fröhlich und lächelte. Als wir dieses wirklich kurze abschließende Gespräch beendeten, passierte etwas Ungewöhnliches. Er kam von der Tür zurück zu mir und sagte sehr ernst und aufrichtig: »Vielen Dank für Ihre Hilfe.« Ich war davon sehr berührt, obwohl es nichts ist, was ich aktiv anstrebe oder bestärke. Ziel der Arbeit ist, »keine Fußspuren zu hinterlassen« (De Jong & Berg, 2008). Ich telefonierte noch mit seiner Mutter, die überzeugt schien, dass er jetzt in der Schule viel glücklicher ist.

Beispiel 16:   **»Shane«**

Shane war Schüler in der ersten Klasse einer weiterführenden Schule. Er war von einem Mitarbeiter der Schule an mich verwiesen worden, da seine Mutter sehr beunruhigt war. Zufälligerweise begleitete mich gerade täglich eine Lehrerin, die sich für lösungsfokussierte Interviews interessierte. Dies bot eine andere, normalerweise nicht verfügbare Perspektive.

Als allererstes besuchten wir, wie üblich, wenn die Eltern besorgt waren, die Mutter zu Hause. Shanes Mutter fand, dass ihr Sohn zu schüchtern sei, um sich selbst zu verteidigen, er müsse mehr aus sich herauskommen und mit anderen Kindern zusammentreffen. Ihrer Ansicht nach würde er gehänselt, weil er so ruhig sei. Er benahm sich zu Hause gut, hatte aber allgemein Interesse verloren und sprach zu Hause gar nicht mehr über die Schule. Trotzdem war er mit dem Geologieklub der Schu-le auf einem Wochenendausflug gewesen. Aus ihrer Sicht war er ein durchschnittlicher Schüler und benahm sich anderen gegenüber rück-sichtsvoll. Im vergangenen Halbjahr war er von einem Schüler gegen den Kopf getreten worden. Ein Lehrer hatte die Konfrontation unter-brochen. Seine Mutter sagte, dass es unwahrscheinlich sei, dass er sich gerächt hätte – er würde normalerweise die Aggressionen der anderen einfach hinnehmen. Zu Hause allerdings stand er für sich selbst ein und hatte kürzlich seine Schwester geschlagen. In der Schule hatten ihm einmal ein paar Mädchen seinen Schokoladenriegel weggenommen und ihn beschimpft. Während sie das alles erzählte, wurde seine Mutter traurig und sagte, dass sie in der letzten Zeit depressiv gewesen sei, ohne einen besonderen Grund dafür zu haben.

Der Eindruck meiner Beobachterin war interessant. Nach dem Inter-view mit der Mutter sagte sie, dass das ein schwerer Fall sei und sie nicht wüsste, was ich tun könne – sie schien mir Sicherheit geben zu wollen und rechnete damit, dass dieser Fall wahrscheinlich kein erfolgreiches Ergebnis haben würde.

Als wir mit Shane in der Schule sprachen, stufte er sich auf der Ska-la bei Fünf ein, wobei Zehn für »in der Schule glücklich sein« und Eins für »den schlimmsten Fall« stand. Er war sehr still und sprach leise und langsam mit gesenktem Kopf. Manchmal sah er wirklich unglücklich aus. Obwohl nicht direkt über die Vorfälle in der Schule gesprochen wurde, sagte er an einem Punkt: »Die anderen Schüler wissen, dass ich schwach bin.« Er hatte einen Schulfreund, mit dem er häufig in den Pausen und beim Mittagessen sprach. Shane würde gerne Football spielen und mehr Freunde haben. Sein Freund schätzte an Shane ihre Gespräche und dass sie miteinander in den Pausen im Spielzimmer Brettspiele spielten. Shane fand, dass gerade dieser Mor-gen ein guter war, da er es geschafft hatte, sich an diesem Morgen mit einigen Schülern zu unterhalten. Er fand, dass sich die Situation wahrscheinlich noch mehr verbessern würde, wenn er mit mehr Leu-ten sprechen würde. Deshalb schlug ich ihm vor, dies weiterhin zu tun und verabredete mich mit ihm in der nächsten Woche. Die beobachtende Lehrerin war nach der Sitzung immer noch pessimistisch.

Als wir in der folgenden Woche beim Sekretariat warteten, kam Shane mit dem Klassenbuch vorbei und rief uns lachend »Hallo« zu. Die Beobachterin war erstaunt, dass er viel fröhlicher schien. Bei unserem Gespräch erzählte er mir, dass er verschiedene Sachen unternommen hatte, einschließlich der Gespräche mit den anderen und Fußball spielen – sein Freund und er waren in die Mannschaft aufgenommen worden. Er hatte auch mittags zusammen mit anderen Schülern gegessen. Sein Freund und er hatten mehr mit den anderen Schülern gesprochen und sich mehr mit anderen angefreundet. Er selbst stufte sich auf der Skala jetzt bei einer Sieben ein. Er fand, dass sein Freund jetzt auch glücklicher sei.

Am bemerkenswertesten aber, neben dem, was Shane erzählte, war die Veränderung in seinem allgemeinen Auftreten. Er saß aufrecht, hocherhobenen Hauptes, sprach frei und lächelte manchmal. Die Beobachterin, die ein Stückchen hinter ihm saß, war (genau wie ich) von seiner offensichtlichen Kehrtwendung sichtbar bewegt und hatte sogar gelegentlich feuchte Augen. In Fällen wie diesem ist es manchmal äußerst bewegend, wenn man das Kind innerhalb so kurzer Zeit so viel glücklicher sieht. Die Beobachterin verließ unser Treffen und ging geradewegs zu ihrem Chef mit der Bitte, schnellstmöglich an einem lösungsfokussierten Training teilnehmen zu dürfen.

Nicht alle Fälle gehen zwangsläufig so schnell oder so gut über die Bühne. Meine Einschätzung hier ist rein subjektiv, aber ich schätze, dass rund vier von fünf Schülern bereits nach der ersten Sitzung klare Fortschritte zeigen und ungefähr einer von fünf Schülern sogar verblüffende.

Schüler, die andere mobben

Während meiner ca. zehnjährigen Beteiligung an einem innerstädtischen Anti-Mobbing-Projekt wurden wir mehr von »Mobbing-Opfern« als von »Tätern« angefragt. Schüler oder Schülerinnen, die als »Täter« oder »Täterinnen« beschrieben werden, werden wahrscheinlich wegen einer größeren

Ich schätze, dass rund vier von fünf Schülern bereits nach der ersten Sitzung klare Fortschritte zeigen.

Bandbreite an Schwierigkeiten an Hilfe-stellen verwiesen, zum Beispiel aggressives oder störendes Verhalten, wo es auch zum Mobbing von anderen Schülern oder Schü-lerinnen kommt. So wird der Begriff »Mob-bing« bei »Tätern« und »Täterinnen« vielleicht nicht so häufig gebraucht.

Wird an einer Schule ein Schüler oder eine Schülerin wegen aktivem Mobbing als Täter oder Täterin an einen Lehrer oder eine Lehrerin verwie-sen, ist dies unter normalen Umständen dringlich, und Beratungs- oder Betreuungszeit ist knapp. Der Lehrer oder die Lehrerin möchte die wenige verfügbare Zeit auf möglichst effektive Art nutzen. Selbst wenn der Schüler oder die Schülerin Mobbing abstreitet oder den anderen Schüler oder die Schülerin beschuldigt, kann der Lehrer oder die Lehrerin eine Veränderung in seinem Verhalten erwarten:

I: Frau Schmidt hat mich gebeten, mit dir zu sprechen, weil du ei-nen anderen Schüler mobbst. Stimmt das?

S: Das habe ich nicht ... das ist nicht wahr ... (oder) Ich habe nur gelacht ... (oder) Es war nur Spaß ...

I: Okay ... mich würde interessieren, was Frau Schmidt sehen muss, dass ihr das zeigt (z. B. dass es nur Spaß war)?

S: Ich weiß nicht ... er soll sich nicht über mich beschweren ...

I: Stimmt ... also was musst du tun, damit er aufhört, sich über dich zu beschweren?

S: Ich könnte mich von ihm fernhalten ...

I: Ist das für dich schwierig?

S: Nein.

I: Wie kriegst du das hin?

S: Ich bleibe einfach von ihm weg ... gehe nicht so nah zu ihm hin ...

I: Das wird bestimmt helfen, danke. Ich möchte dich gerne nächste Woche wiedertreffen, damit du mir erzählen kannst, wie du vor-angekommen bist ...

S: Okay.

Falls der Schüler oder die Schülerin das Mobbing nicht abstreitet, es aber als gerechtfertigt erachtet oder es einfach als Ausrede benutzt:

I: Frau Schmidt hat mich gebeten, mit dir zu sprechen, weil du einen anderen Schüler mobbst. Stimmt das?

S: Er ist so nervig ... er belästigt mich in der Pause ...

I: Hmm ... also was kannst du da machen?

S: Er geht nicht weg ... Ich schubse ihn einfach, damit er geht ...

I: Ah, ich verstehe! Also was kannst du sonst noch machen, damit du dich nicht belästigt fühlst und du keinen Ärger bekommst, weil du ihn geschubst hast?

S: Ich vermute, ich ignoriere ihn besser ...

I: Das wäre besser ... Wie bekommst du das hin?

S: Ich unterhalte mich einfach weiter mit meinen Freunden ...

I: Ist das schwierig?

S: Nein.

I: Okay ... Warum probierst du das nicht aus und wir schauen in ein paar Tagen, wie du damit klargekommen bist?

Wenn die Schwierigkeiten weiterhin bestehen:

I: Verstehe ich es richtig, dass es mehr Schwierigkeiten gegeben hat?

S: Ja.

I: Okay ... mich würde interessieren, was passieren muss, um es zu stoppen, damit es nicht noch ernster wird.

S: Ich weiß nicht ...

I: Ich möchte nicht mit deinen Eltern sprechen müssen/dass du in den Pausen vor meiner Tür warten musst/dich ausschließen müssen ... Du musst darüber nachdenken, was du tun kannst, um die Sache zu lösen.

S: Okay.

I: Wie schaffst du es heute Nachmittag, dich aus dem Ärger rauszuhalten?

S: Ich halte mich von ihm fern.

I: Das hilft bestimmt. Komm nachher wieder zu mir und erzähle mir, wie es geklappt hat, ja?

S: Ja, okay.

Wenn der Schüler oder die Schülerin anhaltend Unterstützung für Verhaltensschwierigkeiten benötigt, ist es hilfreich, die Person vom Problem zu distanzieren und eher über »Beunruhigung« und »Sorgen« zu sprechen als über »Beschwerden«.

I: Okay, man hat mich beauftragt, mit dir zu sprechen, weil sich einige Lehrer und Lehrerinnen um dich sorgen. Weißt du das?

S: Ja.

I: Ich möchte gerne helfen, dass die Dinge in der Schule für dich besser laufen, okay?

S: An mir liegt es nicht.

I: Ich verstehe, darf ich dir einige Fragen stellen?

S: Okay.

I: Danke. Wenn ich überhaupt helfen kann, was wird in der Schule dann besser sein?

S: Ich hätte keinen Ärger. Ich bräuchte mich nicht mit Ihnen zu treffen.

I: Okay, ja, du hast recht, das wäre besser ... also was müssten die Lehrer und Lehrerinnen sehen, damit sie denken, dass du dich nicht mit mir treffen brauchst?

S: Sie bräuchten nicht mit mir schimpfen.

I: Ich verstehe ... nicht mit dir schimpfen ... wünschst du dir das?

S: Ja.

I: Also... was ist anders, wenn die Lehrer nicht mit dir schimpfen?

S: Es ist gut. Ich bin okay ...

I: Stimmt, das wäre viel besser! Also, nur um eine Vorstellung zu bekommen, wie weit du schon bist ... auf einer Skala von Eins bis Zehn, wobei Eins für den schlimmsten Fall steht, alle Lehrer und Lehrerinnen schimpfen andauernd mit dir, und Zehn steht dafür,

dass du dich in der Schule wohl fühlst, so, wie du es dir wünschst
... wo bist du im Moment?

S: Ungefähr bei einer Vier.

I: Ah! Das ist gar nicht schlecht. Was macht es zu einer Vier und
nicht schlechter?

S: Mit ein paar Lehrern und Lehrerinnen komme ich zurecht ...

Ab diesem Punkt folgt die Unterhaltung dem Muster anderer lösungsfokussierter Gespräche: Beschreibung der Situation, wenn der Schüler oder die Schülerin in der Schule erfolgreicher ist, wie er oder sie es schafft, sich so zu verhalten, etwas identifizieren, was für ihn oder sie gut funktioniert und von dem er oder sie in der nahen Zukunft mehr tun kann. Das Gespräch ist hilfreich, ohne davon abzuhängen, dass der Schüler oder die Schülerin etwas Spezielles, zum Beispiel Mobbing, zugibt; die Unterhaltung konzentriert sich einfach darauf, das Leben zu verbessern.

Wenn es um die Beziehung des Schülers oder der Schülerin mit ihren Mitschülern oder Mitschülerinnen geht, sollte man besonders neugierig sein und die Perspektive anderer Personen nutzen. Was schätzen signifikante Dritte an dem oder der Interviewten? Wie macht der Schüler oder die Schülerin das? Wenn der Schüler oder die Schülerin erfolgreich Freundschaften aufbaut und erhält, wie macht er oder sie das?

Trotz dieser Unterstützung erfordern Missverhalten und Mobbing, wenn nötig, Sanktionen in Anlehnung an die Schulordnung. Letztendlich müssen die Schüler und Schülerinnen Verantwortung für ihr Verhalten übernehmen. Zwangsläufig werden sich einige Schüler oder Schülerinnen ab und zu selbst nicht unter Kontrolle haben. Dies liegt häufig an den Umständen ihres (sozialen) Hintergrundes und außerhalb der Kontrolle der Schule. Nichtsdestotrotz werden sie durch Fragen unterstützt, die unterstellen, dass sie Fähigkeiten haben, und sie werden gefragt, wie genau sie es schaffen werden, Dinge für sich besser zu machen.

> *Letztendlich müssen die Schüler und Schülerinnen Verantwortung für ihr Verhalten übernehmen.*

Weiterführende Literatur

Im Anhang B finden Sie einen Spickzettel mit möglichen Fragen und einen Protokollbogen. Während meines ersten Trainings für lösungsfokussierte Interviews händigte mir Dr. Ron Warner von der Toronto University ähnliche Kopien im DIN-A-Format aus. Ich bin froh, dass er mir die Erlaubnis gegeben hat, seine Ideen weiterzugeben. Gerade zu Beginn meiner Arbeit mit diesem Ansatz fand ich es sehr wertvoll, mir kurz vor dem Interview die Fragen durchzulesen. Das Format des Protokollbogens half mir dabei, lösungsfokussiert zu bleiben, und ich wusste, sollte ich einmal ins Stocken geraten, gibt es Hinweise auf der Rückseite. Vielleicht finden andere diese Kopien hilfreich, wenn sie damit beginnen, lösungsfokussierte Gespräche zu führen.

»Briefer: A solution-focused practice manual« von Evan George, Chris Iveson, Harvey Ratner und Guy Shennan vom BRIEF in London ist ein ausgezeichnetes, preiswertes, erklärendes Heft, mit vielen praktischen Vorschlägen.

Für eine detaillierte und dennoch lesbare Darstellung lösungsfokussierter Interviews empfehle ich »Interviewing for Solutions« von Peter de Jong und Insoo Kim Berg, auf deutsch »Lösungen (er)finden«.

Für lösungsfokussierte Konzepte im Schulkontext empfehle ich »Solution-Focused Education« von Kerstin Måhlberg und Maud Sjöblom. Sie haben außerdem eine sehr gute DVD mit englischen Untertiteln über ein Klassencoaching produziert.

In »Solutions in Schools« bietet Yasmin Ajmals eine Einleitung mit einer brillanten, kurzen Zusammenfassung und weiterführenden Kapiteln mit der Beschreibung verschiedener Anwendungen lösungsfokussierter Gedanken zu Schulproblemen. Auch Linda Metcalf hat eine Reihe verschiedener Bücher mit vielen Beispielen geschrieben.

Das Buch »Kids' Skills« oder »Ich schaff's« von Ben Furman ist ein lösungsfokussiertes Arbeitsbuch, das schrittweise jüngere Kinder dabei unterstützt, ihr Verhalten zu verändern.

Zusammenfassung

Dieses Kapitel hat Ihnen eine Übersicht darüber gegeben, wie lösungsfokussierte Interviews Kindern und Jugendlichen helfen können, herauszufinden, wie sie für Veränderungen in ihrem Leben sorgen können, sodass sie ihre Schwierigkeiten überwinden können und mehr zu den Menschen in der Schule werden, die sie gerne sein möchten. Die charakteristischen Merkmale bleiben in jeder lösungsfokussierten Arbeit dieselben, obwohl sie für jedes individuelle Interview wieder fein abgestimmt und intensiviert werden.

Die empfohlenen Bücher und der Spickzettel dienen als Hilfe zur Selbstanleitung. Dennoch ist der einzige Weg, lösungsfokussierte Interviews zu erlernen, der, einfach anzufangen und immer weiter zu üben. Viele sehen den Nutzen dieser Art der Gesprächsführung mit Schülern und Schülerinnen beim ersten Mal, sind inspiriert, entwickeln ihre Fähigkeiten weiter und werden in allen Bereichen ihrer Arbeit immer lösungsfokussierter.

Fazit

Lösungsfokussierte Konversationen können als »nichts als ein Haufen Geschwätz« (de Shazer, 1994) angesehen werden, jedoch macht die Entscheidung worüber und wie wir sprechen einen großen Unterschied, wenn wir die Veränderung hin zum Besseren fördern möchten.

De Shazer und sein Team haben signifikante Beobachtungen darüber gemacht, wie durch bewusst gestaltete Unterhaltungen Veränderungen bewirkt werden. Cooperrider hat ähnliche Schlüsse aus seiner Arbeit mit großen Organisationen gezogen. Lösungsfokussierte Ideen wurden im Kontext von Problemen und deren Lösungen entwickelt, weil hier die Veränderung am dringlichsten war. Dennoch funktionieren sie auch dann, wenn man ohne ein Problem eine Verbesserung erreichen möchte. Man kann lösungsfokussiertes Vorgehen so auch als »potentialfokussiert« beschreiben. Diese weitreichenden Auswirkungen lösungsfokussierter Arbeit können Anti-Mobbing-Projekte in Schulen oder jedwede andere Initiative, bei der es um eine Verbesserung geht, informieren.

Im gesamten Buch habe ich die Aufmerksamkeit auf die Charakteristika der Unterhaltungen gelenkt, die sich als die hilfreichsten erwiesen haben:

- Sie beschreiben die erwünschte Zukunft
- Sie beschreiben die erfolgreiche Vergangenheit
- Sie schätzen die vorhandenen Fähigkeiten und Stärken
- Sie tun mehr von dem, was funktioniert

- *Beschreibung der erwünschten Zukunft*
- *Bewusstmachung der erfolgreichen Vergangenheit*
- *Wertschätzung der vorhandenen Fähigkeiten und Stärken*
- *Mehr von dem tun, was funktioniert*

Techniken wie zum Beispiel Skalierung, zukunftsfokussierte Fragen und wertschätzende Komplimente helfen in dem Prozess. Wie auch immer, die lösungsfokussierte Methode besteht nicht nur daraus, die richtigen Fragen zu stellen. Bestimmte

Annahmen untermauern die lösungsfokussierte Praxis und können auf jedwede Intervention, egal, ob man an der Weiterentwicklung der gesamten Schule arbeitet oder an Gruppen innerhalb der Schule, zum Beispiel Lehrern, Schülern, Eltern oder einzelnen Personen, angewendet werden. Diese Annahmen sind:

- Jeder ist Experte seines oder Expertin ihres eigenen Lebens.
- Jeder hat bereits Stärken und Fähigkeiten, die ihm oder ihr helfen, seine oder ihre Potentiale zu erreichen.
- Widerstand zeigt, dass die Strategie geändert werden muss.
- Kleine Unterschiede machen den großen Unterschied.

Es wurde aufgezeigt, wie durch Gespräche Veränderungen in beiden Bereichen, sowohl im Bereich professioneller Entwicklung als auch im Bereich des Lebens in der Schule, gefördert werden. Schulen verringern das Auftreten von Mobbing, indem sie sich anstatt auf die Reduktion des Mobbings auf den Geist der Schule konzentrieren, den sie unterstützen möchten: ein freundliches, sicheres und unterstützendes Umfeld. Die Anerkennung dessen, was die Schule bereits erreicht hat und die Wertschätzung, wie es jeder geschafft hat, so weit zu kommen, begünstigen weitere Fortschritte. Die Ideen, die während lösungsfokussierter Diskussionen auftauchen, bauen auf der vorhandenen Expertise auf, die in jeder Schule einzigartig ist. Wirksames Führungsverhalten ermutigt alle Mitglieder der Schulgemeinschaft, ihre Potentiale zu erfüllen, indem es allen hilft, ganz genau zu identifizieren, was sie bereits Wirkungsvolles tun und sie befähigt, mehr davon zu tun.

Dieselben Prinzipien und Annahmen haben in Kapitel Drei, bei der Arbeit mit Kindergruppen und jungen Menschen in der Klasse Anwendung gefunden. Ermuntert man die Schüler und Schülerinnen in der Diskussion zu formulieren, wie sie sich die Beziehungen in der Klasse wünschen und wie sie es schaffen, dass es tatsächlich passiert, umgeht man das Risiko, sich auf das inakzeptable Verhalten, das der Lehrer oder die Lehrerin verändern möchte, zu fokussieren und es zu verstärken.

Die Effektivität von Anti-Mobbing-Projekten wird allgemein anhand der

Abnahmen von Mobbing-Fällen evaluiert. Da es in allen Schulen Mobbing-Fälle gibt, können sie bei diesen Messungen eigentlich nur weniger schlecht versagen. Sobald sich die Beobachtung und Bewertung auf das Erreichen der gewünschten Zukunft konzentriert, misst die Schule ihren Erfolg durch die steigende Präsenz dessen, was stattdessen geschehen soll. Die Verringerung von Mobbing ist eine vorhersehbare Konsequenz dieser Verbesserung.

Die letzten drei Kapitel handelten von der Verhinderung von Mobbing hin bis zu aktuellen Fällen und erklärten, wie durch geschickt aufgebaute Gespräche, Gruppen von Kindern oder Einzelpersonen unterstützt werden, wenn sie gemobbt werden oder andere mobben. Die Wirksamkeit dieser Strategien hat sich bewährt.

Die Nutzung des lösungsfokussierten Ansatzes bei Mobbing, von der schulumfassenden Entwicklung hin bis zu den Nöten einzelner Schüler, gibt der Schule zusätzlich zu ihren Anti-Mobbing-Maßnahmen den Wert von innerem Zusammenhalt und einer gemeinsamen Richtung.

Regierungen stehen unter dem ständigen Druck, durch die Verbesserung ihrer Angebote auf öffentliche Anliegen zu reagieren. Sie setzen Veränderungen durch die Verabschiedung neuer Gesetze, Verbreitung von Anweisungen und Richtlinien und Beobachtung der Ergebnisse um. Mobbing an Schulen bietet diesbezüglich ein typisches Beispiel. Immer wenn eine Initiative plant, ein unerwünschtes Verhalten zu verringern, riskiert sie die Vergrößerung des Problems. Sie führt zu zusätzlicher Arbeit, die auch zum Widerstand derer führen kann, die die Maßnahmen umsetzen sollen. Mittlerweile wird beobachtet, dass die meisten traditionellen Anti-Mobbing-Projekte an Wirksamkeit und Nachhaltigkeit verloren haben. Anstatt weiterhin das fehlende verlässliche Engagement an Schulen, den überquellenden Lehrplan oder die Verbreitung weiterer Initiativen zu beklagen, sollten wir

Die Fähigkeiten, Mobbing zu verringern, sind eher innerhalb der Schulen selbst zu finden als in Mobbingtheorien.

»etwas anderes« machen. Der Widerstand der Schulen ist nichts, was überwunden werden muss, sondern von dem wir lernen können.

Steve de Shazer und Insoo Kim Berg stellten fest, dass die entscheidenden Schlüssel für den Erfolg meist bereits vorhanden waren, wenn sie mit ihren Klienten im Therapieraum erfolgreich waren. Diese Schlüssel waren schon da und mussten nicht aus Theorien über Klienten oder ihre Probleme hergeleitet werden. Cooperrider stellte fest, dass Arbeiter in großen Firmen bereits selbst am besten wussten, wann sie gute Arbeit leisteten und wie sie mehr davon tun könnten.

Die Erkenntnisse aus den Anti-Mobbing-Projekten unterstützen zunehmend die Einschätzung, dass die Fähigkeiten, Mobbing zu verringern, eher innerhalb der Schulen selbst zu finden sind als in Mobbing-Theorien. Sobald das Wissen über das Problem als Basis für die Veränderung an Attraktivität verliert, wird die Aufmerksamkeit darauf gelenkt, die Schulgemeinschaft als eine wertvolle Ressource zur Identifizierung wirkungsvoller, evidenzbasierter Praxis anzusehen.

Die Identifizierung guter Praktiken und deren Bestärkung wirken sich auf Recherchen, Hilfsangebote (und auf politische Strategien, deren Ziel Verbesserungen, zum Beispiel die Reduzierung von Mobbing sind) aus. Effektive Beratung führt Klienten und Klientinnen aus dem Hintergrund. Sie hilft den Schulen, das Wissen und die Fähigkeiten, die viele Lehrer oder Lehrerinnen und Schüler oder Schülerinnen schon automatisch nutzen, häufig, ohne sie zu realisieren, zu entdecken und anzuerkennen. Folgen Forschung und Beratung einem lösungsfokussierten Weg, helfen der Prozess der Informationssammlung, -messung und Berichterstattung der Ergebnisse den Schulen, den gewünschten Wandel zu vollziehen. Nur dann ist der Ruf nach Bereitstellung von mehr Geldmitteln für Anti-Mobbing-Initiativen gerechtfertigt.

Schulen sind am effektivsten, wenn sie ihre verfügbaren Fähigkeiten und Stärken in vollem Umfang für Aktivitäten nutzen, die den sozialen Zusammenhalt und die gegenseitige Verantwortung innerhalb der Schulgemeinschaft stärken. Sie können ihre umfangreiche Expertise dafür nutzen, festzustellen, welche neuen Ideen hilfreich sind und welche das Gegenteil bewirken. Zusätzlich können Lehrer und Lehrerinnen unterstützende, kooperative Beziehungen in der Klasse fördern, indem sie das Beste des bestehenden Lehrplans und ihrer eigenen Fähigkeit im Unterrichtsmanagement nutzen. Umsichtig geführte Gespräche befähigen die Schüler und Schülerinnen, ihr Schulleben mehr so zu gestalten, wie sie es sich wünschen.

Der Schlüssel, der die Potentiale der Schule aufschließt, kann in den grundlegenden Charakteristiken und Annahmen gefunden werden, die die lösungsfokussierte Praxis untermauern.

Anhang

Diese Seiten dürfen für den persönlichen Gebrauch kopiert werden.

Anhang A
Beispiel für einen einfachen »Live-Action-Plan«

Anhang B
Beispiel für ein Support-Gruppen-Formular

Anhang C
»Spickzettel« für mögliche Fragen

Live-Action-Plan für		
Gewünschte Zukunft	Erfolgreiche Vergangenheit	Stärken und Fähigkeiten
Was wollen wir erreichen? Wo stehen wir im Moment auf einer Skala von 1–10	Warum stehen wir schon so weit oben?	Wie haben wir das geschafft? Inwiefern sind die anderen involviert?
Schüler kommen in der Pause besser zurecht.	Aktivitäten in den Pausen und der Mittagszeit	Schülerrat empfohlen Pausenequipment/ Aktivitäten
	Aufsicht in den Pausen und der Mittagszeit	X nimmt am Musikklub teil Y nimmt am Computerklub teil
		Jeder nimmt seine Pflichten während der Pausen wahr

Gewünschte Zukunft	Erfolgreiche Vergangenheit	Stärken und Fähigkeiten
Zusammenarbeit miteinander – im Unterricht	Unterweisung des persönlichen und sozialen Lehrplans	Supervisoren während der Mittagszeit
Weniger Beschwerden: (Stattdessen?)	Schnelle Handlungen mit weniger Bedenken	Z gab ein Training im Stuhlkreis
Gute Beziehung zu den Eltern	Camping-Ausflug mit der Schule	Lehrer verfügbar für ein Treffen mit den Eltern
		Eltern helfen beim Camping-Ausflug und Football-Spiel nach der Schule

Bessere Peer-Beziehungen	
Mehr von dem, was funktioniert	
Was ist anders, wenn wir einen Schritt auf der Skala weiter sind?	Wie schaffen wir das? Verantwortlichkeit und Zeitskala
Mehr Schüler sind in Aktivitäten eingebunden	Ältere Schüler fragen, wie sie helfen können – vielleicht bei Mittagspausen/Aktivitäten: Y fragt seine Klasse nach Vorschlägen
Ältere Schüler helfen Jüngeren	X bringt es auf die nächste Schülerrats-Agenda
Die Aufsichtspersonen sind beim Mittagessen zufriedener	Die Aufsichtspersonen vom Mittagessen fragen, wovon sie sich mehr wünschen: Co-Rektor macht es diese Woche
Partnerschaftliche Aktivitäten im Unterricht	Planung, mehr partnerschaftliche Aktivitäten zu berücksichtigen: Z will nächste Woche mehr Vorschläge in Umlauf bringen
Eltern helfen mehr	Die Eltern fragen, ob sie bei den Aktivitäten helfen möchten: Schulleiter nimmt das in den nächsten Rundbrief mit auf

Support-Gruppen-Aufzeichnung		
Datum: 5. April	Schüler, der unterstützt werden soll: Sam	
	Support-Gruppe:	Vorschläge:
	Amed:	Unterhält sich mit ihm, falls er alleine ist
	Ben:	Setzt sich beim Mittagessen zu ihm
	Carl:	Erzählt ihm Witze
	Danny:	Teilt mit ihm Süßigkeiten
	Ethan:	Setzt sich beim Mittagessen zu ihm
	Freddie:	Spielt mit ihm in der Pause
12. April	Lagebesprechung mit Schüler: Sehr gut – hat mit Carl und Amed gesprochen	
	Lagebesprechung mit Gruppe: Jetzt okay, spielen Fußball, fragen nach ihm, sieht glücklicher aus. F hat jemanden aufgefordert, aufzuhören ihn zu beschimpfen	
	Lagebesprechung mit Schüler:	
	Lagebesprechung mit Gruppe:	
	Lagebesprechung mit Schüler:	
	Lagebesprechung mit Gruppe:	

Support-Gruppen-Aufzeichnung	
Datum:	Schüler/in, der/die unterstützt werden soll:
	Support-Gruppe: / Vorschläge:
	Lagebesprechung mit Schüler/in: Lagebesprechung mit Gruppe:
	Lagebesprechung mit Schüler/in: Lagebesprechung mit Gruppe:
	Lagebesprechung mit Schüler/in: Lagebesprechung mit Gruppe:

Lösungsfokussierte Interviews: Beispielfragen

Nach den meisten dieser Fragen:

Was noch?

Am Anfang:

Worin bist du gut?

Was machst du gerne?

Wenn nicht freiwillig: Deine Mutter, Lehrer usw. sind wegen dir besorgt. Hast du das gewusst? Ich würde dir gerne helfen, ist das okay?

Ziele:

Worin wärst du gerne besser?

Was möchtest du?

Woher weißt du, dass diese Treffen für dich hilfreich gewesen sind?

Was würdest du gerne ändern?

Was würde die Sache für dich besser machen?

Falls das Ziel als Abwesenheit von etwas beschrieben wird: Was würdest du anders/stattdessen machen?

Und: Wie würde dir das helfen?

Wie wärst du gerne?

Oder falls von jemand anders verwiesen: Woran würde sie/er sehen, dass das Treffen hier für dich hilfreich war?

Woran würdest du erkennen, dass sie/er findet, dass die Sache besser läuft?

Skalierung:

Auf einer Skala von Eins bis Zehn, wobei Zehn dafür steht, wie du gerne sein möchtest und Eins das Schlimmste ist, was du dir vorstellen kannst, wo würdest du dich im Moment einordnen?

Erfolgreiche Vergangenheit:

Wie hast du es geschafft, dorthin zu kommen?

Wieso stehst du auf dieser Zahl und nicht eine Stufe tiefer?

Kannst du mir ein Beispiel dafür geben, als die Dinge ein bisschen besser liefen?

Bezüglich Fähigkeiten und Stärken: Wie hast du es geschafft, das bereits zu tun?

Was bemerken deine Lehrer/Freunde/Eltern?

Wann sonst noch bist du ... glücklicher/zufriedener/mehr so, wie du sein möchtest? Wie hast du das geschafft?

Coping (Falls auf Stufe Eins auf der Skala oder eine Stufe niedriger als in der vorangegangenen Sitzung):

Wie hast du es geschafft, so weit zu kommen?

Wie kommst du sonst zurecht?

Wie schaffst du es, dass die Dinge nicht noch schlechter laufen?

Was gibt dir die Stärke weiterzumachen?

Woher kommt die Stärke?

Erwünschte Zukunft:

Woran merkst du, dass du auf der Skala einen Schritt weiter bist?

Was ist anders, wenn es a+1 ist?

Was wirst du anders machen?

Was würde ich in einem Film sehen, dass mir zeigt, dass du bei a+1 bist?

Wie schaffst du das?

Wer bemerkt es als Erster?

Was bemerken deine LehrerInnen/Freunde bzw. Freundinnen/Mutter?

Wie wichtig ist das für dich?

Wunderfrage:

Ich muss dir mal eine etwas merkwürdige Frage stellen ... heute Abend gehst du zu Bett ... alles ist ganz normal, so wie immer ... Und während du schläfst, in der Nacht, geschieht ein Wunder ... alles ist genauso, wie du es dir erträumt hast. Wenn du am nächsten Morgen erwachst, weißt du nicht, dass das Wunder geschehen ist. Was ist das Erste, was du bemerkst?

Was machst du anders?

Was bemerkst du noch?

Was bemerken die anderen?

Was noch?

Kleine Anzeichen für ein Wunder: Ist das früher schon einmal geschehen?

... und vielleicht ein bisschen? ... gelegentlich?

... Alternativ: Stell dir vor, du hast morgen einen richtig guten Tag ... welches erste Anzeichen zeigt dir, dass es ein richtig guter Tag ist?

Was als nächstes?

Was ist bei dir anders?

Abschlussphase:
Ziel:
Also du möchtest ... sein, mehr ...

Fähigkeiten und Stärken:

Es beeindruckt mich, wie du ... Ich habe bemerkt, dass du ... Du hast schon ...

Mehr von dem, was schon funktioniert:

Stell dir vor, wenn wir uns das nächste Mal treffen, was ist dann anders, wenn du bei a+1 stehst ...? Was machst du, wenn es a+1 ist ...?

Was machst du mehr ...?

Kannst du ausprobieren, mehr davon zu machen ...?

Wie schnell kannst du das umsetzen ...?

Wie schnell bist du bei a+1 ...?

Hilft es dir, wenn du mir erzählst, wie du vorankommst ...?

Wann wollen wir uns das nächste Mal treffen?

Nächste Sitzung
Beginnt mit:
Was ist besser?

Letzte Sitzung
Beinhaltet Fragen zur Resilienz:
Was gibt dir die Zuversicht/Selbstvertrauen für die Zukunft?

Wie kommst du wieder in die Spur, wenn du einen Rückschlag hattest?

Was zeigt dir, dass du mit allem umgehen kannst, sogar mit einem Rückschlag?

Name: Sitzung Nr.: Datum:

Aktuelle Situation:

_____

Ziel:

Skalierung:

|—————————————————————————————————————|
1   10

Erfolgreiche Vergangenheit:
(Coping)

Gewünschte Zukunft:

Wunderfrage

_____

Abschlussphase:
Ziel/Fähigkeiten und Stärken/mehr von dem, was funktioniert:

Nächste Sitzung: Was ist besser?

_____

Letzte Sitzung: Resilienz

Index der Beispiele

Index der Werkzeuge

Index

Quellen

Ainscow M. & Tweddle D. A. (1979) Preventing Classroom Failure. London: Fulton.

Ajmal, Y. (2001) Introducing solution-focused thinking, in Y. Ajmal & I. Rees (Eds) Solutions in Schools.

Ajmal Y. & Rees I. (Eds) (2001) Solutions in Schools. London: BT Press.

Annis Hammond S. (1996) The Thin Book of Appreciative Inquiry. Texas: Kodiak Consulting.

Berg I. K. (2nd Ed. 1999) Family Preservation: A brief therapy workbook. London: BT Press.

Craig C. (2009) Well-being in Schools: The curious case of the tail wagging the dog? Scotland: Centre for Confidence and Wellbeing.

DCSF (Department for Children, Schools & Families) Bullying: A charter for Action. Online, accessed April 2009. www.teachernet.gov.uk/wholeschool/behaviour/tacklingbullying/antibullyingcharter/

DCSF (2007, 2008) Safe to Learn. Online, accessed April 2009. www.teachernet.gov.uk/wholeschool/behaviour/tacklingbullying/safetolearn/

DCSF (2007) SEAL: Social and Emotional Aspects of Learning. Online, accessed April 2009. http://nationalstrategies.standards.dcsf.gov.uk/inclusion/behaviourattendanceandseal

De Jong P. & Berg I. K. (3rd Ed. 2008) Interviewing for Solutions. CA: Brooks/Cole.

de Shazer S. (1982) Patterns of Brief Family Therapy. New York: Guilford.

de Shazer S. (1985) Keys to Solution in Brief Therapy. New York: Norton.

de Shazer S. (1988) Clues: Investigating Solutions in Brief Therapy. New York: Norton

de Shazer S. (1991) Putting Difference to Work. New York: Norton.

de Shazer S. (1994) Words Were Originally Magic. New York: Norton.

de Shazer S. & Dolan Y. with Korman H., Trepper T., McCollum E. & Berg I. K. (2007) More than Miracles: The State of the Art of Solution-focused Brief Therapy. New York: Haworth Press.

DFE (Department for Education) (1994) Bullying: Don't suffer in silence. An anti-bullying pack for schools. London: HMSO.

DFEE (Department for Education and Employment) (2000, 2002) Bullying: Don't suffer in silence. An anti-bullying pack for schools.

PricewaterhouseCoopers (2007) Anti-bullying Alliance Evaluation Report, DFES, Online, accessed April 2009. http://www.dcsf.gov.uk/rsgateway/DB/RRP/u014987/index.shtml

Durrant M. (1995) Creative Strategies for School Problems. New York: Norton.

Furman B. & Ahola T. (2006) The Twin Star Book: A handbook of solution focused leadership and communication. Helsinki Brief Therapy Institute.

Furman B. & Ahola T. (2007) Change through Cooperation: Handbook of re-teaming, the art of motivating people to change what they want to change, Helsinki Brief Therapy Institute.

Galloway D. & Roland E. (2004) Is the direct approach to reducing bullying always the best? In P. K. Smith et al. (Eds) Bullying in Schools: How successful can interventions be?

George E., Iveson C. & Ratner H. (2nd Ed. 1999) Problem to Solution: Brief therapy with individuals and families. London: BT Press.

George E., Iveson C., Ratner H. & Shennan G. (2009) Briefer: A solution-focused practice manual. London: BT Press.

Goleman D. (1996) Emotional Intelligence. London: Bloomsbury.

Hallam S., Rhamie J. & Shaw J. (2006) Evaluation of the Primary Behaviour and Attendance Pilot, Research Report RR717. London: DfES.

Harachi T. W., Catalano R. F. & Hawkins J. D. (1999) Canada, in P. K. Smith et al. (Eds) The Nature of School Bullying: A cross-national perspective.

Hargreaves D. H. (2001) A capital theory of school effectiveness and improvement, British Educational Research Journal, 27, 4, 487–503.

Hillel V. & Smith E. (2001) Empowering students to empower others, in Y. Ajmal & I. Rees, Solutions in Schools.

Jackson P. Z. & McKergow M. (2002) The Solutions Focus: The simple way to positive change. London: Nicholas Brealey.

Koivisto M. (2004) A follow-up survey of anti-bullying interventions in the comprehensive schools of Kempele in 1990–98, in P. K. Smith et al. (Eds) Bullying in Schools: How successful can interventions be?

Limber S. P., Nation M., Tracy A. J., Melton G. B. & Flerx V. (2004) Implementation of the Olweus Bullying Prevention Programme in the Southeastern United States, in P. K. Smith et al. (Eds) Bullying in Schools: How successful can interventions be?

Macdonald A. (2007) Solution-Focused Therapy: Theory, Research & Practice. London: Sage.

Måhlberg K. & Sjöblom M. (2004, Schwedisch 2002) Solution-Focused Education. Stockholm: Måhlberg & Sjöblom.

Måhlberg K. & Sjöblom M. (2008) Lip-Focus: Feedback and Coaching to Develop the School. DVD. Stockholm: Måhlberg & Sjöblom.

Maines B. & Robinson G. (1992) The No Blame Approach. Bristol: Lame Duck.

Mall M. & Stringer B. (2001) Empowering students to empower others, in Y. Ajmal & I. Rees (Eds) Solutions in Schools.

Mellor A. (1999) Scotland, in P. K. Smith et al. (Eds) The Nature of School Bullying: A cross-national perspective.

Metcalf L. (1995) Counseling Toward Solutions. New York: The Centre for Applied Research in Education.

Metcalf L. (1999) Teaching Toward Solutions. New York: The Centre for Applied Research in Education.

Molnar A. & Lindquist B. (1989) Changing Problem Behaviour in Schools. San Francisco: Jossey Bass.

The Office for National Statistics (UK) (2004) Survey of the mental health of children and young people in Great Britain.

The Office of the Children's Commissioner for England (2006) Bullying Today.

Ofsted (Office for Standards in Education) (2003) Bullying: effective action in secondary schools, London: HMSO.

Olweus D. (1999) Norway, in P. K. Smith et al. (Eds) The Nature of School Bullying: A cross-national perspective.

Olweus D. (2004) The Olweus bullying prevention programme: Design and implementation issues and a new national initiative in Norway, in P. K. Smith et al. (Eds) Bullying in Schools: How successful can interventions be?

Ortega R., Del Rey R. & Mora-Merchan J. A. (2004) SAVE model: An anti-bullying intervention in Spain, in P. K. Smith et al. (Eds) Bullying in Schools: How successful can interventions be?

Pepler D., Smith P. K. & Rigby K. (2004) Looking back and looking forward: implications for making interventions work effectively, in P. K. Smith et al. (Eds) Bullying in Schools: How successful can interventions be?

Pepler, D. J., Craig W. M., O'Connell P., Atlas R. & Charach A. (2004) Making a difference in bullying: evaluation of a systemic school-based programme in Canada, in P. K. Smith et al. (Eds) Bullying in Schools: How successful can interventions be?

Peterson L. & Rigby K. (1999) Countering bullying at an Australian secondary school with students as helpers, Journal of Adolescence, 22, 481–492.

Pikas A. (2002) New developments of the shared concern method, School Psychology International, 23, 3, 307–326.

Pikas A. (1989) The Common Concern Method for the treatment of mobbing, in E. Munthe & E. Roland (Eds) Bullying: an international perspective, London: Fulton.

Rhodes J. & Ajmal Y. (1995) Solution Focused Thinking in Schools: Behaviour, reading and organisation. London: BT Press.

Rigby K. (1997) Bullying in Schools: And what to do about it. London: Jessica Kingsley.

Rigby K., Smith P. K. & Pepler D. (2004) Working to prevent school bullying: Key issues, in P. K. Smith et al. (Eds) Bullying in Schools: How successful can interventions be?

Rosenbluth B., Whitaker D. J., Sanchez E. & Valle L. A. (2004) The Expect Respect Project: preventing bullying and sexual harassment in US elementary schools, in P. K. Smith et al. (Eds) Bullying in Schools: How successful can interventions be?

Salmivalli C. (2002) Is there an age decline in victimization by peers at school? Educational Research, 44, 3, 269–277.

Salmivalli C., Kaukiainen A. & Voeten M. (2005) Anti-bullying intervention: Implementation and outcome, British Journal of Educational Psychology, 75, 465–487.

Sharry J., Madden B. & Darmody M. (2003) Becoming a Solution Detective. New York: Haworth.

Shennan G. (2003) Solution-focused practice with families, in B. O'Connell & S. Palmer (Eds) Handbook of Solution-Focused Therapy, London: Sage.

Shilts L. (2008) The WOWW programme, in P. De Jong & I. K. Berg (3rd Ed.) Interviewing for Solutions.

Smith J. D., Schneider B. H., Smith P. K. & Ananiadou K. (2004) The effectiveness of whole-school antibullying programs: a synthesis of evaluation research, School Psychology Review, 33, 4, 547–560.

Smith J. D., Cousins J. B. & Stewart R. (2005) Antibullying interventions in Schools: Ingredients of effective programmes, Canadian Journal of Education, 28, 4, 739–762.

Smith P. K. & Sharp S. (Eds) (1994) School Bullying: Insights and perspectives, London: Routledge.

Smith P. K., Madson K. & Moody J. (1999) What causes the age decline in reports of being bullied at school? Towards a developmental analysis of risks of being bullied, Educational Research, 41, 267–85.

Smith P. K., Morita Y., Junger-Tas J., Olweus D., Catalano R. & Slee P. (Eds) (1999) The Nature of School Bullying: A cross-national perspective. London: Routledge.

Smith P. K., Sharp S., Elsea M. & Thompson D. (2004) England: The Sheffield Project, in P. K. Smith et al. (Eds) Bullying in Schools: How successful can interventions be?

Smith P. K., Pepler D. & Rigby K. (Eds) (2004) Bullying in Schools: How successful can interventions be? Cambridge University Press.

Stevens V., Van Oost P. & De Bourdeaudhuij I. (2004) Interventions against bullying in Flemish schools: programme development and evaluation, in P. K. Smith et al. (Eds) Bullying in Schools: How successful can interventions be?

Sullivan K., Cleary M. & Sullivan G. (2004) Bullying in Secondary Schools: What it looks like and how to manage it. London: Paul Chapman.

Sullivan K. (2000) The Anti-Bullying Handbook, NZ: Oxford University Press.

Ttofi M. M., Farrington D. P. & Baldry A. C. (2008) Effectiveness of Programmes to Reduce School Bullying: A Systematic Review. Report prepared for The Swedish National Council for Crime Prevention.

Whitney I., Rivers I., Smith P. K. & Sharp S. (1994) The Sheffield Project: Methodology and findings, in P. K. Smith & S. Sharp (Eds) School bullying: Insights and perspectives.

Young S. (1998) The support group approach to bullying in schools, Educational Psychology in Practice, 14, 1, 32–39.

Young S. (2001) Solution focused anti-bullying, in Y. Ajmal & I. Rees, Solutions in Schools.

Young S. (2002) Solutions to Bullying. Tamworth: NASEN.

Young S. & Holdorf G. (2003) Using solution-focused brief therapy in referrals for bullying. Education Psychology in Practice, 19, 4, 271–282.

Young S. (2008) Solutions for bullying in primary schools, in P. De Jong & I. K. Berg (3rd Ed.) Interviewing for Solutions.